ÉLOGE HISTORIQUE DE LOUIS XVI ET DE LOUIS XVII,

Prononcé en Séance publique de l'Académie des Jeux Floraux, le 19 Janvier 1815,

PAR M. PINAUD, Avocat, l'un des Mainteneurs de l'Académie.

A TOULOUSE,
Chez M.-J. DALLES, Imprimeur de l'Académie des Jeux Floraux.

1815.

ÉLOGE HISTORIQUE
DE LOUIS XVI
ET DE LOUIS XVII,

Prononcé en séance publique de l'Académie des Jeux Floraux, le 19 Janvier 1815,

PAR M. PINAUD, Avocat, l'un des Mainteneurs.

Vous voyez ce peuple, disait l'infortuné LOUIS XVI au religieux confident de ses dernières pensées, *un jour la vérité lui sera connue. Alors, et quand il aura recouvré la liberté de se montrer juste, il pleurera ma perte et honorera ma mémoire....... Mais, hélas!* ajoutait douloureusement le père de ce peuple ingrat, *de longs malheurs le séparent encore de cette époque trop reculée* (1).

Avec quelle lente exactitude n'avons-nous pas vu s'accomplir ces prophétiques paroles! Par quelle effroyable succession de calamités le Français n'a-t-il point été désabusé des illusions de la fausse liberté et des mensonges de la fausse grandeur! Combien de fois, sous la hache sanglante de ses tribuns, sous le glaive plus meurtrier du dévastateur de l'Europe, ses vœux secrets n'ont-ils pas invoqué le sceptre paternel de la race vraiment royale! Combien de fois ses larmes n'ont-elles point honoré la déchirante mémoire

(1) *Les notes sont à la fin de cet Éloge.*

des deux Rois qu'enveloppa le tourbillon révolutionnaire ! La liberté d'exprimer hautement de telles douleurs ne pouvait lui être laissée par les gouvernemens illégitimes qui en augmentaient de jour en jour l'amertume. Pour que les manes révérés de LOUIS XVI et du jeune héritier de ses droits reçussent des hommages publics, purs de toute profanation, il fallait que le cercle de nos malheurs fût entièrement parcouru ; que la Providence, enfin appaisée, eût replacé ses véritables représentans à la tête d'un peuple redevenu digne de sa protection. Il fallait que le seul trône qui puisse prendre racine sur le sol français, réunît autour de lui les restes d'une Nation, immortelle sans doute, puisqu'elle survit à tant de désastres.

Ce temps est venu ; et l'Académie des Jeux-Floraux, bien moins pour s'acquitter d'un antique usage, que pour obéir à ses plus chères affections, vient déposer son funèbre tribut sur la tombe des deux Rois dont elle déplore la perte.

PREMIÈRE PARTIE.

LOUIS-AUGUSTE de France, Duc de Berri, naquit le 23 août 1754, de Louis, Dauphin de France, et de Marie-Josephe de Saxe. Des préventions dont l'histoire même répugne à indiquer les causes, fermèrent à Louis Dauphin l'accès des armées, le poursuivirent jusques dans les Conseils, et rendirent presque inutiles à la Monarchie des qualités qui en pouvaient être la sauvegarde. Comblé de la gloire modeste et du bonheur pa sible des vertus domestiques, il en goûtait les douceurs dans l'union conjugale la mieux asssortie, et dans l'éducation d'une famille digne de lui et de son auguste compagne, lorsque un trépas prématuré vint l'enlever à l'amour et aux espérances des Français. Cet événement qu'avait précédé la mort du Duc de Bourgogne, son premier fils, transmit au Duc de Berri, âgé de onze ans, le titre de Dauphin. On a conservé le souvenir des pieuses larmes que le jeune Prince ne cessait de verser sur le père et le frère dont il tenait la place. Pleurez sur vous-même, enfant malheureux, sur vous, pour qui la plus belle couronne de l'univers doit être le gage d'une infortune sans mesure.

Le nouveau Dauphin se montra doué des plus précieuses qualités. La bonté, la droiture, la passion de la justice formaient les traits distinctifs de son beau naturel, et se fortifiaient tous les jours en lui par les méditations et les exercices d'une piété parfaite. Une raison précoce, une rare pénétration, la plus heureuse mémoire, une application continue ornèrent bientôt son esprit d'une instruction solide et variée. Tout ce mérite se cachait, se perdait trop souvent sous les voiles de circonspection et de timidité dont les enveloppait une excessive modestie. On admirait un défaut si rare et si généralement facile à corriger; et l'on ne s'appercevait point qu'il préparait dans l'esprit du jeune Prince cette irrésolution, cette déférence extrême pour les idées d'autrui, qui furent dans la suite l'une des principales causes de ses malheurs.

Vers le milieu de sa seizième année, un illustre mariage l'unit au sang de cette *Marie-Thérèse* dont les vertus royales fesaient l'admiration de son siècle. Belle, aimable, animant ses paroles et son maintien de grâces toujours nouvelles; puisant dans son affabilité naturelle un désir de plaire, qui ne nuisait point à l'étonnante dignité de sa personne; affectionnant les douceurs de la vie privée, et joignant aux qualités qui en font le charme celles qui distinguent les ames fortes, telle parut *Marie-Antoinette d'Autriche* auprès d'un époux qui ne lui préféra jamais que son Peuple. Lorsque, en se reportant aux premiers jours de leur union, on se souvient qu'au sein même des fêtes destinées à la célébrer, d'horribles sensations vinrent tout-à-coup détruire les plaisirs les plus purs qu'eussent goûtés leurs jeunes cœurs, lorsqu'on se représente le spectacle d'horreur et de mort qui prit si subitement à leurs yeux la place des plus riantes images de l'allégresse et de la félicité publique, une sombre tristesse s'empare de l'ame : on croit voir le destin désigner de sa main de fer les deux victimes que lui ont déjà livrées les décrets éternels. On voit dans la généreuse commisération des augustes époux, les efforts plus impuissans encore qu'ils opposeront un jour à des désastres mille et mille fois plus funestes.

Cette sinistre perspective m'ôte la force de rappeler ici les années trop courtes que le Dauphin put consacrer au bonheur de son hymen, aux délices de l'étude et à la pratique de toutes les vertus bienfesantes. Je m'abstiens de reproduire cette multitude de paroles et de faits remarquables qu'aucun Français n'ignore, et qui manifestaient déjà le caractère de justice et de bonté dont le jeune Prince offrit bientôt un si rare modèle.

Il n'avait pas atteint sa vingtième année, lorsque la mort inopinée de Louis XV le plaça sur le trône. Cette élévation subite le pénétra d'un effroi qu'il ne put dissimuler. Son premier soin fut de chercher un guide parmi les hommes d'Etat dont on vantait le plus les lumières et la droiture. Il balança quelque temps entre M. *de Machault* et M. *de Maurepas*; et l'on doit regretter, ce me semble, que les conseils de sa famille l'aient porté à préférer celui-ci (2). Cet habile courtisan, dont la frivolité est devenue célèbre, aurait peut-être, dans des temps ordinaires, compensé un si grave défaut par l'extrême facilité de son travail, et sa grande expérience des hommes et des affaires. Mais la pénétration qui fait prévoir les maux de l'Etat avant qu'ils éclatent, la sagacité qui en indique les préservatifs, sur-tout le zèle pur, l'amour du bien, la vigueur de caractère qui en font poursuivre opiniâtrément l'extirpation, ces qualités qu'exigeaient les circonstances, et auxquelles rien ne pouvait suppléer, le comte de *Maurepas* en parut toujours dépourvu.

Les causes des catastrophes dont nous avons été les témoins, existaient pour la plupart dès cette époque. Elles eurent sur le règne de LOUIS XVI, et sur sa destinée personnelle, une influence trop puissante, pour qu'il me soit permis de les passer sous silence.

Depuis que l'obéissance des Français ne reposait plus sur les trompeuses garanties de la féodalité, leur respect et leur amour pour la personne des Rois étaient le plus solide appui de la couronne. Ces sentimens s'étaient, pour ainsi dire, incorporés de bonne heure à leur caractère. Nés de l'espèce de pacte qui avait uni le pouvoir monarchique et le peuple contre les abus du régime féodal, ils avaient survécu à leur objet, et semblaient s'entretenir par l'heureuse analogie qui reproduisait sur la physionomie morale des Rois de France, l'expression embellie des qualités aimables et guerrières de leur nation.

L'autorité royale atteignit son plus haut degré de puissance sous Louis XIV. Nul Souverain ne porta le sceptre avec plus de dignité, et ne sut l'entourer de plus de prestiges. Les premiers personnages de l'Etat s'honoraient, comme le peuple, de leur dévouement à ses volontés; et cette disposition, loin d'être l'effet de leur abaissement ou de leur ignorance, éclatait à une époque où les esprits, exaltés par tous les genres de gloire, s'enrichissaient de lumières jusqu'alors inconnues.

Mais ces lumières mêmes avaient fait naître une puissance qui devait être un jour la rivale du trône. Les Français, en s'éclairant, devenaient plus justes et sur-tout plus hardis appréciateurs des actes du pouvoir; leurs opinions plus raisonnées acquéraient plus de consistance, et se propageaient avec plus de force. A compter de cette époque, nul Monarque ne put commettre de grandes fautes, sans porter atteinte au respect et à l'amour de ses sujets. Aussi Louis XIV lui-même vit-il s'affaiblir sensiblement leur vénération par les guerres qui désolèrent ses dernières années, et par la persécution dans laquelle il se laissa entraîner contre des erreurs qu'il n'appartient pas à l'homme de punir.

La trop fameuse régence fut une conspiration ouverte contre les mœurs et l'ordre public, par conséquent, contre l'autorité suprême.

Louis XV la réhabilita en la confiant au Cardinal de *Fleury*; mais ce sage vieillard fut plutôt régent que ministre. Comment oublier d'ailleurs en quelles mains tomba successivement après lui l'empire absolu qu'il avait exercé sur l'esprit de son maître? Si la gloire de ce dernier et celle de la France avaient obtenu du Cardinal les soins qu'il donnait à son propre crédit, il aurait employé l'ascendant de son grand âge et de son habileté à combattre les penchans voluptueux et l'insouciance de Louis XV; et ce Prince aurait acquis, sans doute, une virilité morale, dont on put voir seulement que la nature ne lui avait point refusé les facultés.

Sous son règne se manifestèrent avec éclat les vices du seul moyen d'opposition que les Rois de France eussent à redouter dans l'usage ou l'abus de leur autorité législative. Des compagnies de magistrats, instituées pour juger les querelles des particuliers, devenaient tout-à-coup des corps politiques et s'associaient, par une concession ou un refus d'enregistrement, au premier attribut de la souveraineté, celui de faire les lois. Cette prérogative qui n'avait été d'abord qu'une prétention et dont l'usage paraissait avoir fait un droit, était tantôt reconnue, tantôt contestée par le Monarque; et lorsque elle provoquait entre lui et ces compagnies une lutte relative à des édits qu'il ne voulait ou ne pouvait pas abandonner, elle fesait naître des actes d'autorité presque toujours scandaleux, parce qu'ils entraînaient ordinairement l'interruption du service le plus essentiel à l'ordre public, celui de la justice.

Ce grave inconvénient qui s'était plusieurs fois reproduit sous Louis XV (3) avait donné lieu, dans ses dernières années, à la suppression des Parlemens. Mais cet acte de vigueur avait paru mécontenter la Nation, soit qu'elle eût approuvé les causes de l'opposition parlementaire, soit plutôt qu'une opposition quelconque flattât les sentimens qui déjà se développaient en elle de manière à frapper de crainte tous les hommes prévoyans.

En effet, ce fut encore sous Louis XV que s'opéra dans les esprits une révolution qu'on peut regarder comme une véritable décomposition du caractère national. Des écrivains doués de talens, de connaissances et d'ardeur avaient conservé à la littérature française la haute considération dont elle jouissait, depuis le grand siècle, dans l'Europe savante. Mais désespérant d'atteindre leurs devanciers dans les voies brillantes de l'imagination, ils affectèrent une gloire plus ambitieuse et moins pure. Toutes les notions dont l'esprit humain peut se proposer la recherche et toutes celles que d'irrévocables décrets ont interdites à sa faiblesse dans la nature de l'homme, l'examen de ses facultés, l'origine et les formes constitutives des sociétés politiques devinrent la matière des méditations et des écrits de nos gens de lettres. Exaltés par l'objet de leurs travaux, forts de leur nombre, de leur audace, de la curiosité et des passions qu'ils excitaient, ils le furent bientôt de leurs succès, de leur crédit, et d'une sorte d'envahissement anticipé de l'autorité publique, dont ils se frayaient visiblement les routes. L'extrême diversité de leurs systèmes en manifestait les vices, et semblait devoir en atténuer les dangers : mais un fatal acharnement les réunissait contre la religion et le gouvernement de l'Etat.

Eh ! quel était le peuple que ces artisans de troubles s'obstinaient à dégager du frein de ses lois, de ses croyances et de ses affections politiques ? celui de tous à qui ces garanties de l'ordre social étaient le plus nécessaires ; celui que son caractère passionné, son impétuosité, sa fougue, sa tendance rapide aux excès, devaient rendre aussi redoutable à lui-même dans les déchiremens intérieurs de l'anarchie qu'il l'est à ses ennemis dans les luttes sanglantes des nations. Le long règne de Louis XV et les deux guerres insignifiantes qui en varierent à peine la monotonie avaient trop faiblement exercé cette inquiétude, cette surabondance de vie dont le Français semble tourmenté et qui fut successivement alimentée ou comprimée dans les âges précédens par le tumulte de la féodalité, les fureurs des guerres civiles, l'enthousiasme des croisades et l'orgueil des conquêtes. Des philosophes se chargerent d'irriter et de tourner contre la France elle-même des dispositions qu'il leur eût appartenu de régler et de diriger, s'il était possible, vers son bien-être.

Enfin aux symptômes généraux de désorganisation qui viennent d'être indiqués, à ce choc déjà bruyant des mœurs et des usages, des opinions et des institutions se joignaient les difficultés qui tenaient plus immédiatement au caractère ou aux actes du règne précédent : une cour corrompue par trente ans de scandales ; une armée qu'humiliaient également les souvenirs de la guerre et les conditions de la paix, des ministres et des tribunaux réprouvés par l'opinion ; le trésor grevé d'une dette énorme, dépouillé de tout crédit par des défections honteuses. Dans de telles conjonctures il était presque également dangereux d'opérer des réformes et de s'en abstenir. Si les atteintes déjà portées à la Monarchie, si la vétusté de certaines parties de l'édifice devaient faire craindre la catastrophe d'un écroulement spontanée, on ne devait pas moins redouter les réparations que des mains inhabiles tenteraient d'exécuter, avant d'en avoir sagement combiné les moyens et calculé les effets.

Je pourrais, sans cesser d'avoir à louer un grand Prince, reconnaître que de telles circonstances excédaient la capacité personnelle du jeune Roi. Mais plus on étudie ce règne, plus on se convainc, que personne n'apprécia mieux que LOUIS XVI les difficultés contre lesquelles les rigueurs du sort le condamnaient à lutter. Trop heureux ses sujets, si la merveilleuse rectitude de son esprit et l'inaltérable pureté de ses intentions n'avaient été sans cesse contrariées par les desseins, tantôt perfides, tantôt purement fautifs de ceux que les lois de l'Etat, l'opinion publique ou sa propre confiance lui désignèrent successivement comme les appuis de sa couronne.

Après avoir composé son ministère d'hommes universellement estimés, il soumit à leurs débats l'importante question du rappel des Parlemens. Ces grands corps avaient cessé d'exister depuis près de quatre ans. Les compagnies qui les avaient remplacés n'étaient point parvenues à se concilier la faveur publique; mais le nouveau Roi n'aurait pas travaillé sans succès à consolider leur existence : leurs attributions ne pouvaient faire obstacle aux siennes; et sur ce seul objet peut-être, LOUIS XV paraissait avoir pourvu au repos de son successeur.

Sans embrasser un avenir fort étendu, les ministres pouvaient prévoir que l'importance de la dette publique exigerait bientôt un accroissement dans les ressources annuelles de l'Etat. Rétablir les Parlemens dans de telles circonstances, c'était subordonner à leurs volontés cette augmentation indispensable des revenus publics ou préparer le scandale et le danger de nouvelles luttes entre eux et le Monarque : et s'il était naturel à un Roi de vingt ans de compter sur la reconnaissance de ces corps pour les avoir rétablis, il eût été sage à des hommes d'Etat de redouter leur ressentiment contre une autorité qui les avait si facilement supprimés. Deux ministres très-recommandables, M. le maréchal *du Muy* et M. *Turgot* conçurent ces craintes et se déclarèrent avec force contre le rappel. Mais la majorité du conseil, et particulièrement le Comte de *Maurepas* décidèrent le Roi pour l'avis contraire, qui s'accordait à la fois avec les vœux publics et avec le caractère de bienfesance auquel LOUIS devait si souvent et si malheureusement immoler son autorité.

Dès la seconde année de ce règne, l'opposition qu'avait pressentie M. *Turgot* se manifesta au sujet de quelques édits qu'il avait proposés : il y essayait partiellement les principales innovations qu'il avait dessein d'opérer, telles que la libre circulation des grains dans l'intérieur du royaume, la suppression des corvées, l'abolition des priviléges en matière d'impôts, l'anéantissement des maîtrises et jurandes. Le Roi fut obligé de recourir à la formalité d'un lit de justice pour les faire enregistrer, et cette extrêmité l'affecta vivement. La contrariété qu'il en éprouva, l'abus qu'on ne craignit point de faire de quelques émeutes dont la circulation des bleds avait été le prétexte, les alarmes réelles ou feintes de la Cour, les insinuations malignes de M. de *Maurepas*, tout se réunit contre *Turgot*; il fut disgracié. Son successeur abandonna ouvertement ses idées; on alla même jusqu'à obtenir la révocation des édits qu'il avait fait rendre. Et cependant quelques unes de ces réformes successivement admises et révoquées furent reproduites, quelques années après, par un autre ministre de LOUIS XVI.

Il est difficile de retracer les faits principaux de la vie de ce Prince sans avoir à déplorer la mobilité d'esprit dont il se montra souvent susceptible. Dès qu'on eut éprouvé qu'il suffisait, pour attaquer avec succès ses propres volontés, de lui persuader que le bien public en exigeait le sacrifice, on se fit une tâche d'abuser de cette respectable facilité de caractère. Les courtisans s'appliquèrent sur-tout à placer et déplacer les ministres au gré de leurs vues personnelles. Ils parvinrent ainsi à rendre plus graves et plus sensibles les difficultés de l'administration, dans les circonstances même où il importait le plus de les atténuer et d'en déguiser les apparences.

Mais les variations que ces divers ministres imprimèrent à la marche des affaires, n'empêchaient point que la bienfesance et l'utilité publique ne fussent constamment l'objet des actes de l'autorité suprême et n'en fissent aux yeux des peuples autant de témoignages des lumières et de la bonté du Roi. Si les bornes qui me sont prescrites me permettaient d'envisager mon sujet dans toute son étendue, je croirais, Messieurs, devoir fixer votre attention sur chacune des lois, des institutions, des entreprises qui signalèrent les quinze premières années du règne de LOUIS XVI. Nous ne verrions point sans de profondes impressions de respect ce jeune Roi, se hâtant de retrancher soit des revenus publics, soit de ses revenus personnels ceux qui prenaient leur source ou dans des causes que repoussait un sentiment délicat des convenances royales, comme le droit de joyeux avénement; ou dans des principes dépourvus de justice et de générosité, comme le droit d'aubaine; ou dans une origine aumoins suspecte de barbarie, comme la servitude et les droits de main-morte. Nous applaudirions à l'établissement de ces assemblées provinciales où la répartition des impôts recevait des contribuables eux-mêmes le plus haut degré possible de sagesse et d'équité. Nous bénirions la proscription de cet usage honteux de la torture, prodige de déraison et d'insensibilité, que l'ignorance avait osé placer sous la sauve-garde de la justice, et qui, depuis des siècles, confondait les moyens de rechercher le crime et ceux de le punir. L'amélioration du sort des Juifs, l'admission des non-catholiques à la jouissance de l'état civil, nous feraient admirer l'union touchante du plus saint attachement aux vérités religieuses, et d'une affection toute paternelle pour ceux qui avaient le malheur de n'en être point éclairés. Nous reconnaitrions la tendre prédilection de LOUIS pour l'infortune dans les heureux changemens qu'il fit subir au régime intérieur des hôpitaux et des prisons, dans les nombreux atteliers de charité qu'il ouvrit à l'indigent, dans les distributions de secours que sa munificence organisait partout où il voyait des désastres à réparer. De vastes marais desséchés et livrés à la culture, quatre provinces enrichies de canaux, le plus majestueux des palais recevant, dans une sorte d'apothéose, les images révérées des français célèbres nous offriraient, sous d'autres points de vue, le même caractère d'utilité publique. Nous aimerions aussi, infortuné *la Pérouse*, illustre victime d'un zèle héroïque, à rappeler l'attendrissement et la surprise reconnaissante dont tu fus pénétré, lorsque, après avoir reçu de ce Prince les plans que sa savante prévoyance avait conçus pour la gloire et la sûreté de ton entreprise, tu l'entendis, plus admirable mille fois par ses sentimens que par ses rares lumières, solliciter ton humanité en faveur des peuplades encore inconnues dont la découverte paraissait réservée à tes recherches, et te répéter dans la sublime ardeur d'une bienveillance universelle : *Que le nom français soit béni par des peuples nouveaux. Répandez chez eux les avantages de la civilisation, et faites qu'ils en ignorent les vices, aussi bien que les inventions qui en sont l'aliment.*

Au milieu de tant de soins qui suffiraient à l'illustration d'un long règne de paix, LOUIS, convaincu que la gloire des Français est un élément nécessaire de leur bonheur, se montrait jaloux de les replacer au rang qui leur appartient dans la carrière des armes. Sûre d'obéir à des chefs élevés par leur mérite, l'armée reprit à ses propres yeux une considération qui était le gage certain de celle que devaient bientôt lui rendre les étrangers. Nos côtes défendues par deux nouveaux ports virent, comme par enchantement, la ceinture maritime de la France, se hérisser de flottes redoutables. Nos finances même offrirent, pendant plusieurs années, tous les symptômes d'un état prospère. Enfin l'esprit public participait à tant d'amélioration: les mœurs, de jour en jour moins frivoles, étaient aussi moins corrompues. Animé de cet esprit d'imitation qui le rend susceptible de sentimens dont la vivacité s'accroît par leur expansion même et leur soudaineté, le Français semblait vouloir s'approprier les vertus de son Roi; il s'attachait sur-tout à en imiter la bienfesance: en un mot, quelque effrayant contraste que forme cette vérité avec des événemens qui étaient dès-lors si prochains, la France était heureuse et se plaisait à joindre aux témoignages de ce bonheur, ceux de son amour pour le Monarque. S'il existait déjà, comme on est trop fondé à le croire, des hommes assez pervers pour désirer de rompre cette union du peuple et du trône, ils durent quelque temps désespérer de voir leur dessein s'accomplir sous un tel règne.

Il faut pourtant le dire; ni le bonheur de la Nation, ni son amour pour son Roi ne purent affaiblir ce désir effréné de réformes, qui avait fait de si grands progrès avant l'avénement de LOUIS XVI. Une confiance désordonnée dans les prétendues lumières de la philosophie moderne, un mépris superbe des institutions qu'elle osait proscrire, d'opiniâtres espérances de perfectionnement, un dégoût général de la condition que chacun tenait de sa naissance et des lois, des semences de division et de haine entre les divers ordres de la Nation, sur-tout une coupable indifférence pour les vérités et les pratiques religieuses détruisaient de jour en jour le ciment de l'organisation politique et tendaient à en désunir les parties principales. Par une fatalité à peine concevable, les individus et les Corps les plus intéressés au maintien de l'ordre établi lui portaient aussi leurs atteintes. Les organes mêmes de l'autorité souveraine ne cessaient de faire considérer les maux de l'Etat comme un effet des usages et des lois en vigueur, et de présenter les changemens qu'elle effectuait comme une anticipation sur des changemens plus importans et aussi nécessaires. L'auteur du célèbre *Compte rendu* et de *l'Administration des finances* eut sur-tout à se reprocher l'imprudence de ces censures et de ces provocations auxquelles ses talens, ses fonctions et son immense crédit donnaient une force presque magique. Mais on n'ignore point que des personnages dont il est impossible de soupçonner les intentions, contribuèrent par le même moyen au pervertissement des idées publiques. Tel fut *Turgot*; tel fut même son collègue et son ami, M. *de Malesherbes*, dont la mémoire mériterait nos hommages, quand elle n'aurait point reçu la consécration du malheur. Quelle époque que celle où l'on put, sans injustice, accuser des hommes si éclairés et si purs d'avoir secondé les mauvaises destinées de leur Roi, par les efforts même qu'ils mirent en usage pour mieux répondre à sa confiance.

Les difficultés de ces temps perfides paraissent dans tout leur jour, lorsqu'on examine les motifs qui déterminèrent la guerre d'Amérique, et les tristes fruits que la France en a retirés.

Ceux qui se représenteront avec fidélité la situation des esprits à l'époque de l'insurrection Américaine, conviendront que si LOUIS XVI avait contrarié les vœux qui portaient la Nation vers cette guerre, on l'aurait accusé de conspirer avec les Anglais contre lui-même, de renoncer honteusement à une rivalité que l'ardeur de ses sujets et la faveur des circonstances lui fournissaient les moyens de soutenir avec honneur. Nos politiques regretteraient encore peut-être cette occasion d'exciter et de réunir contre la Grande-Bretagne les gouvernemens qu'indisposait déjà son despotisme maritime.

Après avoir long-temps résisté à ces motifs et à l'opinion publique, LOUIS entreprit la guerre. Des succès éclatans rappelèrent aux Français que la victoire pouvait aussi les suivre sur les mers. Les noms des *Suffren*, des *Guichen*, des *Lamothe-Piquet* vinrent s'unir à ceux des *Tourville*, des *Duquesne*, des *Duguay-Trouin*. Les côtes d'Afrique, l'océan des Indes, l'archipel des Antilles, reconnurent les enfans de la gloire et de l'honneur. L'Amérique affranchie proclama tout-à-la fois son indépendance et la bravoure des légions Françaises qui avaient si puissamment contribué à l'établir : nos colonies s'accrurent ; la Hollande fut vengée ; *Dunkerque* vit finir les jours de son humiliation.

Certes le Monarque à qui la France dut ces événemens, semblerait fournir à son historien des jours glorieux à célébrer. Il n'en est pas ainsi du plus infortuné des Princes. En retraçant cette époque de sa vie, on se représente déjà la moisson empoisonnée que devaient produire sur le sol français les semences recueillies avec un enthousiasme si confiant sur les terres vierges de l'Amérique. Comme ces reflux orageux de la mer, qui remontant le cours des fleuves, viennent dans leur lit envahi, souiller des eaux qui avaient coulé pures et tranquilles, ainsi la révolution remonte vers les événemens qui en sont la source, et les infecte de ses poisons. La dette publique grossie de douze cents millions, et préparant les funestes débats d'où devaient naître les États-généraux ; les frères d'armes de *Wasinghton* rapportant au centre de la vieille Europe, au milieu d'une population pressée, inflammable, entourée de vingt Etats civilisés, la passion de cette liberté qu'ils avaient vu s'établir avec un calme trompeur chez les peuples rares, flegmatiques et isolés des États-Unis, tels sont les faits qui assiégent et absorbent la pensée, au souvenir de cette mémorable guerre.

L'idée des approches de la révolution se lie avec plus de force encore à la mémoire des trois Ministres qui gouvernèrent les finances avant l'explosion de l'incendie.

J'ai déjà mentionné celui d'entr'eux que les ressentimens du malheur ont le moins épargné. Demeuré plus long-temps au timon des affaires, il a fourni plus de prise aux accusations. Ses triomphes populaires, l'ardeur jusqu'alors inconnue qu'il mit à les rechercher, l'étonnante vogue de ses écrits, et la reconnaissance que lui témoignèrent les principaux auteurs de nos troubles, ont envenimé les inculpations dont il est l'objet. Elles ont presque fait oublier les fautes plus choquantes du Ministre dissipateur qui convoqua si témérairement les Notables, et du Ministre inhabile dont tous les actes semblèrent avoir pour but de compromettre l'autorité de son Roi.

Je ne rappelerai ni les causes immédiates, ni les premiers actes de la frénésie de rebellion qui éclata sous ce désastreux ministère. La contagion parut atteindre à-la-fois toutes les têtes. Ici la Noblesse, là les états d'une province, dans cette ville quelques magistrats, dans une autre des associations ouvertement formées contre

contre l'autorité royale, semblaient se disputer le séditieux honneur de la désobéissance. On put reconnaître dès-lors cette inconcevable faculté du Peuple de s'enflammer pour des opinions qu'il n'entend point, qu'il ne cherche point à entendre, et auxquelles son aveuglement même ne peut trouver que de faibles rapports avec ses intérêts.

Mais ce qui achève de jetter de l'amertume sur les souvenirs de cette malheureuse époque, c'est d'avoir à placer parmi les auteurs ou les premiers instrumens d'une commotion qui devait renverser la Monarchie, ceux-là même dont les intérêts et les affections étaient le plus intimement liés à cet ordre de choses.

Le Parlement de Paris sous les yeux de qui se manifestaient tous les symptômes de l'effervescence publique, à qui tout l'avenir se révélait chaque jour dans le spectacle de ses propres séances, qui avait vu l'assemblée des Notables effrayer la Cour par l'emportement et l'indiscrétion de ses orateurs, (4) le Parlement de Paris démentant tout-à-coup les principes dont lui-même avait formé jusqu'alors les premiers titres de son existence politique, proclama solennellement son incompétence pour l'enregistrement des Edits relatifs aux impôts, et déclara que les Etats-Généraux de la Nation avaient seuls le droit de les consentir.

Dès ce moment, la Révolution fut faite : l'antre des discordes civiles fut irrévocablement ouvert : les novateurs eurent un but commun et fixe. Toutes les erreurs, toutes les chimères, toutes les ambitions généreuses et criminelles vinrent s'y rallier.

Le mode d'organisation des Etats-Généraux restait à déterminer. L'Archevêque de Sens, M. *Necker* redevenu Ministre et le Parlement de Paris lui-même (5) contribuèrent, par des moyens différens, à le faire régler de manière à assurer la prééminence au parti révolutionnaire. On n'eut aucune peine à obtenir du Roi cette imprudente innovation. Sa bonté le fesait incliner vers les idées populaires ; et après avoir été, toute sa vie, le bienfaiteur de son peuple, il devait être le dernier à prévoir l'abus que les représentans de ce même Peuple allaient faire contre lui du pouvoir dont il consentait à les investir.

Cet abus commença avec les Etats-Généraux. Mais que dis-je ? Elle n'eut pas un seul jour d'existence cette antique institution que tant de transports avaient signalée comme l'objet de tous les vœux, de toutes les espérances, de tout l'orgueil des Français. Ce fut pour en méconnaître les élémens essentiels, pour en détruire les formes constitutives, en excéder violemment les attributions, que les députés de l'un des trois ordres, le considérant désormais comme le seul, se déclarèrent *Assemblée Nationale*, et se disposèrent à procéder comme formant l'ensemble du Corps dont ils n'étaient qu'une partie.

De son côté, enfin éclairé sur les fautes ou les perfidies de ses conseils, désabusé trop tard de ses illusions, LOUIS vint, au milieu des députés des trois ordres, tenir sa célèbre séance Royale. Il leur enjoignit de délibérer séparément et développa les réformes qu'il avait résolu d'accorder au bonheur et à la liberté de son Peuple. Elles renfermaient tous les changemens qui importaient réellement à la Nation, et qui pouvaient en assurer le bien-être sans compromettre la stabilité du trône. Des députés dignes de leur mandat les auraient acceptés avec transport, heureux de borner leurs travaux au soin d'y ajouter quelques conséquences omises, quelques garanties négligées. (6) Mais qu'était le bonheur, qu'étaient les vils avantages de la liberté personnelle, de l'égalité des contributions, de la jouissance des droits civils, de l'administration paternelle des Etats provinciaux, auprès des brillantes prérogatives d'égalité politique et de souveraineté dont la

Nation entière allait être dotée par ses législateurs ? Ces vues sublimes l'emportèrent sans combat sur des considérations qui n'avaient pour elles que le devoir, la raison et l'humanité.

On a beaucoup répété que LOUIS, à cette époque, aurait dû dissoudre l'assemblée, s'assurer de ses membres les plus factieux et donner effet à la déclaration de sa séance royale. Il est au moins douteux qu'un pareil moyen eût été employé avec succès; mais ce qu'il est affreux de dire, c'est que si le Roi en eût fait la tentative et qu'elle eût réussi, on aurait vu cette génération insensée lui prodiguer les témoignages de son aversion en échange des bienfaits qu'il aurait versés sur elle. Après avoir fait le seul effort qui fût compatible avec la douceur de son caractère, il se soumit à la nécessité : lui-même ordonna la réunion des trois Ordres en un seul Corps qui garda le nom *d'Assemblée Nationale*.

Le parti vainqueur célébra sa désobéissance comme une victoire remportée sur le despotisme. Elle était le gage infaillible de celui qu'allait exercer cette Assemblée, qui s'attribuait une autorité sans limites, et ne savait pas même en assujettir l'action à quelque mesure.

Les précautions qu'elle négligeait contre elle-même, de sinistres événemens l'avertissaient chaque jour et l'avertissaient en vain de les prendre contre un Peuple déjà livré à tous les excès de la licence. Sur tous les points du sol français, une population égarée incendiait les châteaux, forçait les prisons, violait les dépôts publics et versait le sang des particuliers. Trois millions de Français subitement organisés en gardes nationales étaient les témoins armés de ces désastres.

Un plus horrible attentat convainquit l'Europe que, ceux qui dirigeaient tant de désordres étaient bien plus les ennemis du Roi que les amis de la liberté des Peuples

Ce n'était point assez pour les factieux qui tenaient

les rênes sanglantes de la révolution d'avair rassemblé à Paris la lie des malfaiteurs, de les accoutumer au meurtre, d'en avoir fait une armée toujours prête à protéger leurs entreprises contre le trône : il fallait encore que l'œuvre de la régénération Française, la méditation de nos lois constitutionnelles et les communications du Roi et des législateurs eussent lieu sous l'influence de cette impure populace.... En un instant, plusieurs milliers de séditieux sont rassemblés ; ils forcent l'hôtel de ville, s'emparent des armes qui y sont déposées, entraînent dans leur marche la foule que ce tumulte a réunie sur leur passage ; et dans l'épouvantable appareil d'un peuple en révolte, au milieu des chants de mort dont la révolution a fait l'expression de leur joie comme de leur fureur, ils se dirigent vers la ville Royale. Avant tout, ils osent porter leur hommage à l'Assemblée. Il est remarquable qu'elle s'occupait, en ce moment, de la célèbre déclaration des droits de l'homme, et se plaignait que LOUIS XVI différât de lui en adresser l'acceptation pure et simple : tant lui paraissait urgente la proclamation de ces prérogatives mensongères qui devaient donner au Peuple de si fausses idées de lui-même et de ses droits !

Cependant les bandes homicides entourent le château et le font retentir de leurs imprécations contre l'auguste famille. Les premiers sentimens du Roi, ses premières paroles sont pour les furieux qui viennent l'outrager. Il défend à ses gardes de faire usage de leurs armes sans la nécessité la plus absolue. Mais l'audace des assaillans trahit ces généreuses précautions. Des coups de feu se font entendre, le sang coule ; et si la nuit n'avait mis fin à cette scène d'horreur, la demeure des Rois devenait un théâtre de carnage.

Des troupes enfin arrivées de Paris avaient rétabli le calme dans le palais. Le dévouement lui-même s'abandonnait à la sécurité : mais des monstres veillaient et se préparaient au plus affreux des crimes. Avant le jour, ils s'introduisent dans l'intérieur du château, se dirigent vers les appartemens, et arrivés à la porte même qui les séparait de l'auguste épouse du Monarque, ils en forcent l'entrée en poussant des cris de mort..... Illustres et dignes gardiens du plus précieux dépôt, *Miomandre Sainte-Marie*, *Durepaire*, *Deshuttes*, *Varicourt*, que la reconnaissance des Français consacre à jamais vos noms (7) ! Sans l'héroïque rempart que vos corps opposèrent aux meurtriers, le sang de la magnanime fille de *Marie-Thérèse* coulait sous leurs viles mains : d'obscurs scélérats souillaient le palais de nos Rois de l'éternelle horreur d'un attentat sacrilége... Ce fut à la suite de leur infâme troupe, que LOUIS et cette noble Reine se virent contraints de marcher. L'asile de leurs assassins impunis sera désormais le séjour forcé de ces royales victimes.

Ici, Messieurs, va commencer la seconde époque de la vie de LOUIS XVI. Désormais captif de ses sujets, il ne lui reste de la royauté que ses droits qu'on lui ravit tous les jours, et son titre que les conspirateurs veulent bien lui laisser encore. O éternel désespoir des cœurs Français ! O intarisssable sujet de désolantes méditations ! Le voilà donc ce Peuple si épris de ses propres lumières, si témérairement enorgueilli des grands exemples qu'il se proposait de donner au monde ! La voilà cette Assemblée, cette élite d'une Nation que le plus généreux enthousiasme semblait diriger vers une liberté sage, modérée, compatible avec l'antique honneur National ! Cinq mois sont à peine écoulés depuis le jour de sa réunion ; et déjà tous les élémens de l'ordre public sont confondus ; déjà toutes les espérances de bonheur et de liberté s'éteignent dans l'ame des hommes de bien ou se transportent dans un avenir de jour en jour plus douteux et plus reculé !

SECONDE PARTIE.

Si un pouvoir surnaturel avait imposé comme une loi suprême à l'Assemblée constituante cette maxime de l'immortel *Montesquieu*, *il n'appartient de proposer des changemens qu'à ceux qui sont assez heureusement nés pour pénétrer d'un coup de génie toute la constitution d'un Etat*, (8) la France n'aurait point connu ce régime constitutionnel de 1791, rapide avant-coureur et gage infaillible de l'anarchie républicaine qui en fut la suite ; les antiques lois de la Monarchie, améliorées par la déclaration du 23 Juin, auraient formé notre code politique ; et quatre millions d'hommes immolés à la plus désastreuse expérience dont le genre humain ait été l'objet vivraient encore.

LOUIS XVI ne doit aucun compte à la postérité de ces déplorables essais législatifs qui triomphèrent en naissant de tous les efforts de sa prudence, et dont il fut la principale victime. L'Assemblée constituante avec ses clubs, ses journaux, ses tribunes, l'insubordination qu'elle entretenait dans l'armée, l'impunité qu'elle assurait aux agitateurs du peuple, l'action toujours croissante de ses principes et de ses lois, eut bientôt établi sa prééminence usurpée, et renforcé son pouvoir de tout celui qu'elle retranchait à l'autorité royale. Les tentatives du Monarque sur la raison et la fidélité de ses présomptueux collaborateurs avaient constamment échoué. Des moyens de force auraient été le signal d'une guerre civile. Résolu à tout souffrir pour conjurer ce fléau, le Roi n'avait plus de résistance à opposer : il devait seulement désirer de prévenir par la manifestation authentique de ses sentimens le reproche d'avoir coopéré aux malheurs que préparait à ses peuples l'imprudence obstinée de leurs nouveaux maîtres.

Etait-ce dans ce dessein que LOUIS, après deux ans

de captivité, tenta d'abandonner le palais qui lui avait été donné pour prison ? Voulait-il connaître par lui-même les dispositions de son armée ? se proposait-il de confier à des mains sûres les jours de la Reine et de ses enfans ? Ne songeait-il enfin qu'à mesurer avec plus de certitude le degré d'oppression dont il était l'objet ? Tous ces motifs entraient peut-être dans ses vues. Mais c'est en vain qu'il repousse le calice dont il doit épuiser l'amertume. Arrivé au terme de son voyage, ayant presque sous les yeux la ville Française qui devait lui servir d'asile et de sauve-garde, quelques individus le reconnaissent et ne craignent point d'arrêter leur Roi. Les braves dont il est entouré sont prêts à le venger de cette agression : leurs bras sont levés ; ils sollicitent les ordres... mais au moment de voir des Français en venir aux mains, le meilleur des Princes oublie ses projets, sa sûreté, sa famille : *Retournons*, s'écrie-t-il, *si je ne puis avancer, sans causer la perte d'un seul homme.* Il exige de ses serviteurs le sacrifice de leur dévouement et se résout à rentrer sous la domination de ses ennemis.

L'Assemblée constituante n'abusa point de cet événement autant que l'extrême détérioration de l'esprit public aurait pu le lui permettre. De tous les points du Royaume, on se hâta de promettre une entière obéissance au régime qu'elle jugerait convenable de prescrire. Elle reçut avec une orgueilleuse satisfaction des hommages qu'un zèle plus pur et plus éclairé lui aurait fait envisager avec effroi, puisqu'ils étaient la preuve qu'une grande partie de la Nation devenait étrangère au sentiment le plus nécessaire à son bien-être. Elle osa suspendre le pouvoir de LOUIS XVI jusqu'à la rédaction définitive de l'acte constitutionnel.

Cet acte fut bientôt présenté au Roi. Ce n'était, en réalité, qu'une continuation maladroitement mitigée de la suspension de l'autorité royale. LOUIS XVI crut néanmoins devoir l'accepter. Il parut espérer de sa raison de ses Peuples et sur-tout de leur propre intérêt les changemens dont l'expérience ferait bientôt sentir la nécessité. Les constituans mirent fin à leur session; et l'assemblée législative fut appelée à présider, pendant deux ans, aux heureuses destinées que ses prédécesseurs déclarèrent avoir garanties à la France pour une longue suite de siècles. Les imprudens ! Ils se vantaient d'avoir sagement balancé ce qu'ils appelaient les droits respectifs du Roi et du peuple ; et leurs institutions démocratiques étaient inconciliables non-seulement avec les prérogatives essentielles de la Royauté, mais avec les simples droits sociaux les plus nécessaires à la sûreté des particuliers et à l'existence d'une société quelconque.

En proclamant la souveraineté du peuple dans ses discussions, dans ses actes officiels et dans ses lois, l'Assemblée constituante n'avait pu déguiser à aucun esprit sain la révoltante fausseté de cette supposition, plus absurde cent fois que les plus misérables préjugés des siècles de barbarie (9) ; mais quelle perspective n'avait-elle pas ouverte à l'exaltation réelle des esprits faux, à l'exaltation feinte des ambitieux, pour qui cette théorie de confusion était un sûr moyen de succès auprès de la multitude ? De plus, en attachant à une contribution de trois journées de travail la capacité nécessaire à l'exercice des droits politiques, cette Assemblée avait pris dans le sédiment de la population le plus grand nombre des individus dont le suffrage décidait de la nomination des législateurs, et par eux du sort de la France. De tels hommes n'étaient point faits pour sentir les dangers des opinions séditieuses. Ils n'avaient d'ailleurs ou ne croyaient avoir aucun intérêt personnel à empêcher des changemens dont on leur montrait le but dans le bien-être des classes pauvres. Aussi, malgré l'horreur qu'excitait généralement en France la seule idée d'une République, il ne fut pas difficile aux factieux qui désiraient ce genre de Gouvernement de se concilier de nombreux suffrages. Ils se trouvèrent en force à l'Assemblée législative. (10)

La cupidité, l'ambition, la certitude d'un succès auquel les nouvelles lois n'opposaient que d'impuissantes barrières, l'irrésistible accélération du désordre, tout poussait ces hommes nouveaux vers le facile complément de la désorganisation commencée par leurs prédécesseurs. Le Roi ne fut pour eux qu'un objet de dérision et d'outrages. Leur véritable souverain, celui dont ils briguaient les bonnes grâces par tous les signes du dévouement et du respect, était l'amas d'ouvriers, de gens de peine, de vagabonds et de mendians dont Paris recèle toujours d'innombrables multitudes. Avec de tels auxiliaires, ils furent promptement en état de mépriser les moyens de justice et d'intérêt public qui formaient l'unique défense du Monarque.

La guerre qu'ils étaient venus lui livrer avait besoin d'un prétexte : ils l'eurent bientôt forgé. Un décret enjoignit aux Français, que la révolution avait engagés ou forcés à quitter le sol natal, d'y rentrer dans le délai de deux mois, et prononça contre ceux qui n'obéiraient pas à cette meurtrière sommation, la perte de leurs biens et même de leur vie. Le Roi refusa de sanctionner des rigueurs aussi impolitiques que barbares. Il usa du même droit envers le décret qui ouvrit la persécution dont l'Eglise de France fut bientôt l'objet. Cet honorable usage de sa prérogative constitutionnelle devint contre lui le signal de mille et mille vexations.

La victoire aurait suivi de près les premières hostilités des Républicains de l'Assemblée, si ces parjures profanateurs de l'autorité législative n'avaient été divisés en deux partis qui répugnaient à se servir mutuellement. Je dédaigne de retracer les différences de ces factions, de marquer le point fixe où la moins sanguinaire des deux se proposait d'arrêter les proscriptions et les pillages. Je sais que, dans ces temps d'ignominie, le nom sacré de la modération fut prostitué jusqu'à désigner ceux des factieux qui ne s'engagèrent qu'à demi dans les voies de sang et de ruine si cruellement frayées par leurs émules; mais les *Montagnards* et les *Girondins* (Permettez-moi, Messieurs, ce léger usage de leur idiôme) rivalisèrent constamment d'ardeur et de crimes contre le Roi : ils dirigèrent ensemble les meurtres qui leur parurent nécessaires au renversement du trône : ils dressèrent en commun les codes affreux de l'émigration et de la persécution du sacerdoce : ils fondèrent à l'amiable des Tribunaux de sang : enfin, à des époques plus sinistres, les forfaits qui furent immédiatement commis par les uns furent ouvertement tolérés par les autres.

Cependant les *Girondins*, qui redoutaient pour eux-mêmes l'emploi des moyens de violence, voulaient d'abord les prévenir. Ils formèrent le projet de multiplier, contre la personne du Roi, les outrages et les abus d'autorité, au point de le porter à abdiquer la sienne.

Jamais plus odieux projet ne fut plus criminellement exécuté. Aucune famille en France n'était plus étrangère à la protection des lois que celle du Monarque. Un langage tel qu'aucun peuple n'en eut jamais de plus ignoble, dans aucun degré connu de corruption ou de barbarie, devint celui des écrivains périodiques, des orateurs de clubs et de groupes populaires, et quelquefois des législateurs eux-mêmes dans l'exercice de leurs fonctions. Toute la bassesse de ce langage se déployait dans les injures et les menaces qui étaient sans cesse prodiguées au Roi et à son auguste épouse dans les cérémonies et les fêtes nationales, dans leur propre jardin, sous les fenêtres de leur palais. Tous les jours, des calomnies et des accusations nouvelles alimentaient les fureurs de la multitude. La fable d'un comité atrocement nommé *Autrichien* passa des feuilles d'un journaliste à la tribune de l'Assemblée, et donna lieu à des diatribes si audacieuses que le Roi éprouva la crainte de voir la Reine elle-même devenir l'objet d'une dénonciation législative. Les Ministres qu'on soupçonnait d'un attachement sincère au Monarque, ou à la constitution, étaient sans cesse menacés du dernier supplice. L'un d'eux, le fidéle et vertueux *de Lessart* fut décrété d'accusation.

Ces attentats et mille autres que j'omets portèrent LOUIS à choisir ses Ministres dans les rangs de ses ennemis eux-mêmes. Il espéra les convaincre, les toucher, en faire ses garans auprès de l'Asssemblée et du Peuple. Vains efforts ! plusieurs cédèrent en effet à l'ascendant de ses vertus; mais d'autres se firent une loi de le trahir ; et ceux-ci furent les seuls qui conservèrent leur crédit auprès de l'impitoyable faction.

Cependant la constance du Roi irritait l'impatience de ses ennemis. La faible garde que la constitution avait préposée à sa sûreté venait d'être licenciée. Son héroïque chef en qui revivaient toute la loyauté et toute la bravoure des anciens preux, le vénérable *Brissac* attendait ses meurtriers dans les prisons où l'avait précédé *Delessart*. Le monarque désarmé se voyait livré sans défense à l'immense multitude que les séditieux tenaient en réserve jusqu'au signal du dernier attentat.

Un second décret, dont le génie infernal des révolutions pouvait seul avoir conçu l'idée, fut rendu contre les Ministres de la religion. Rien n'annonçait mieux le dessein des législateurs de braver l'autorité du Roi, que cette succession de mesures tyranniques contre une classe de citoyens qu'il avait déjà cherché à garantir de moindres rigueurs. LOUIS n'en persista pas moins dans ses vues de bienfesance ou plutôt de justice. Il se rendit à l'assemblée, le 19 Juin, pour annoncer que ce décret n'obtiendrait point la sanction royale.

Tout son sang parut aux conjurés une expiation à peine suffisante d'une telle déclaration : ils résolurent sur le champ de recourir aux moyens de force. Le lendemain même, d'effroyables essaims de gens sans aveu s'assemblent en tumulte. Des piques, des haches, des faulx, des coutelas arment leurs mains ; un canon marche devant eux ; des inscriptions outrageantes, des images dont la plume se refuse à retracer la dégoûtante férocité se déploient sur leurs bannières : d'horribles imprécations contre les prêtres et leur magnanime protecteur expliquent le motif et le but de leur mouvement.

Après avoir reçu de l'Assemblée les témoignages d'une faveur toute fraternelle, cette armée se dirige vers le palais de LOUIS. Un petit nombre de serviteurs dévoués s'étaient empressés autour de leur maître ; mais il avait refusé de les garder et s'était borné à envoyer quelques-uns d'entr'eux à la Reine, en les chargeant de la retenir loin de lui. On se souvient que plus favorisée du hasard, Madame *Elizabeth* s'était trouvée auprès de son frère et le suivait pas-à-pas. Ce n'était point au moment du danger qu'une telle place pouvait lui être enlevée.

Cependant aux clameurs de la sédition, au fracas des portes qui s'ébranlent sous la hache, le Roi fait ouvrir ses appartemens : la multitude s'y précipite. Ses flots poussés et repoussés se balancent dans un affreux désordre. Néanmoins, tous ceux qui sont portés vers l'étroit espace qu'occupe le Monarque sont frappés du calme et de la dignité de son maintien. Quelques-uns voulant peut-être se distraire des impressions de respect dont ils se sentent émus pour lui, et croyant voir la Reine dans Madame *Elizabeth*, font entendre des menaces. L'incomparable sœur de LOUIS XVI, heureuse de détourner sur elle de tels dangers, favorise cette erreur par la seule dissimulation qu'elle eût peut-être jamais conçue : *Ne les détrompez pas*, disait-elle avec sa douce vivacité aux personnes qui l'entouraient. On se hâta de faire cesser, en proclamant son nom, les périls qu'elle se félicitait de courir.

Enfin le tumulte s'appaise un moment et l'un des révoltés, s'approchant du Roi, lit une pétition qui a pour objet de réclamer la sanction royale pour les décrets frappés du *veto*, notamment pour ceux qui concernent les prêtres non-assermentés. D'épouvantables vociférations appuient cette lecture et semblent annoncer l'instant des derniers excès. LOUIS XVI, aussi maître de lui-même qu'il l'eût été dans son conseil, entreprend de discuter la demande qui lui est faite. Ses raisons lumineuses, la bonté de son ame empreinte dans l'expression des motifs que cette bonté même lui a dictés, subjuguent la plupart des hommes qui l'écoutent : leur contenance presque soumise contraste avec les cris de ceux qui n'ont pu l'entendre. Aussi, quoique il persiste dans son opposition aux décrets, quoiqu'il déclare fermement qu'on n'obtiendra jamais de lui une sanction par des démarches si irrégulières, les excès des séditieux se bornent à des menaces. Plus de trois heures s'étaient écoulées dans cette terrible situation, lorsque le Maire de Paris crut devoir se montrer. Frappé du spectacle inattendu qui se présente à lui, il balbutie d'ineptes exclamations sur ce qu'il appelle la *dignité* et les *mouvemens sublimes* des révoltés : *Votre voix sera sans doute entendue*, ajoute-t-il, et il les ramène.

Indigne chef d'une populace que tu as tant de peine à rabaisser jusqu'à toi, tu te méprends. La seule voix que LOUIS puisse entendre est celle de sa conscience ; et nulle crainte n'égale chez lui celle de seconder les oppresseurs de ses sujets. Dès le lendemain de cette criminelle journée, une proclamation du Roi réitéra solennellement sa déclaration qu'il ne sanctionnerait jamais, quels que fussent sur lui les desseins des factieux, les proscriptions décrétées par l'assemblée.

Monarques, Législateurs, Ministres, Magistrats, vous tous qui êtes appelés à prononcer sur le sort des hommes, que ce grand exemple soit à jamais gravé dans votre mémoire. Si quelqu'un de vous, en immolant l'innocence à sa propre sûreté, espérait trouver dans de viles craintes l'apologie d'un homicide, qu'il se représente LOUIS refusant sous mille et mille poignards de consentir à l'injuste exil d'un certain nombre de ses sujets. Et vous, qui devez compte à tous les siècles du sang versé par vos ordres à ces mêmes époques, n'alléguez plus la terreur des excès populaires. Souvenez-vous des trois journées que je viens de rappeler; comparez et jugez-vous.

L'énergie de LOUIS XVI parut un moment réveiller celle de la Nation. La France entière demanda vengeance de l'attentat du 20 Juin. Mais qu'importaient les vœux de la France aux Républicains de l'Assemblée? Ils donnèrent le signal aux Sociétés populaires; et du sein de ces foyers toujours ardens d'anarchie, sortirent une multitude d'adresses qui sollicitèrent les Législateurs de prononcer la déchéance de LOUIS XVI. Enfin l'Assemblée ne craignit point d'ouvrir une discussion sur cet objet; et anticipant la décision qu'elle semblait balancer sur la tête du malheureux Prince, elle cessa de le considérer comme Roi. Sur plusieurs points de la France, les décrets non sanctionnés s'exécutaient dans toute leur rigueur.

La Charte constitutionnelle n'était donc plus qu'une Loi solemnellement vouée au mépris par ceux qu'elle-même chargeait du soin de sa défense. Un petit nombre de factieux y substituaient à leur gré les monstrueux essais de leur prétendu Gouvernement Républicain. Ils étaient maîtres de le proclamer ; mais une victoire que n'eussent point signalée de sanguinaires exécutions n'aurait pu les satisfaire : ils résolurent d'attaquer une seconde fois le Monarque dans son Palais et de prendre leurs mesures pour que cette nouvelle révolte ne se terminât point comme la précédente.

Au jour fixé, l'immense population des fauxbourgs de Paris, les vagabonds des villes et des campagnes voisines, les fédérés des Départemens, les Gardes Nationales que des traîtres étaient parvenus à corrompre se réunirent, pendant la nuit, au milieu d'un formidable appareil de guerre et de tous les signes d'alarme. On chercherait en vain, dans l'histoire des plus détestables tyrans, l'exemple d'un soulevement pareil à celui qui menaçait la vie du meilleur des Princes.

La défense du Château était faible et équivoque. Au dehors, la plûpart des troupes se disposaient à seconder les conjurés. Dans l'intérieur, quatre ou cinq cents gardes Suisses qu'il est pénible mais qu'il est juste de nommer les premiers ; des Gentils-hommes français plus nombreux mais presque dénués d'armes, accourus au premier signal de détresse dans un désordre qui attestait à-la-fois leur dévouement et leur impuissance ; enfin quelques Gardes Nationaux, incertains de leurs propres sentimens, tantôt excités au combat par l'intérêt qu'inspirait le Roi, tantôt méditant leur retraite pour ne point mêler leurs efforts à ceux d'une Noblesse odieuse à leurs préjugés révolutionnaires ; tels étaient les appuis du trône de *Charlemagne*, d'*Henri IV* et de *Louis XIV*. Moins heureuse que son illustre mère, mais non moins héroïque, destinée à opposer tous les genres de courage à tous les genres de calamités, l'auguste épouse de LOUIS parcourait les faibles rangs de ces guerriers. Ses regards, ses traits, ses paroles respiraient la majesté d'une Reine courageuse, les grâces touchantes d'une mère éplorée. Tenant dans ses bras l'héritier de la Couronne, lui donnant pour asile l'abri des seules armes qu'elle vît briller pour sa cause, elle conjurait ses derniers défenseurs d'écarter d'injustes défiances, pour n'écouter que les généreux sentimens qui les avaient réunis. « Vivons, *leur disait-elle*, ou sachons » mourir fidèles à notre Roi, à notre glorieuse Monar» chie, à cet antique honneur Français qui en fut si » long-temps le soutien. »

Cette ardeur ne se communiquait point à l'infortuné Monarque. Ne pouvant voir dans ses plus coupables sujets que des enfans égarés, il frémissait d'avoir à les combattre. L'horreur de cette extrêmité n'était atténuée pour lui ni par ses ressentimens (il n'en avait jamais connu), ni par les illusions de la gloire (il n'aurait pu la placer dans une victoire à remporter contre son Peuple). Après avoir constamment immolé tous ses intérêts au soin d'empêcher l'effusion du sang français, il allait le voir répandre par torrens. Tout ce sang coulait déjà sur son cœur.

L'Administration du Département de Paris vint augmenter son abattement en lui fesant mieux connaître le nombre et les résolutions des séditieux. Le Magistrat qui servait d'organe à ses collègues lui présenta l'Assemblée Législative comme son dernier asile et le pressa vivement de s'y réfugier. Cette douloureuse retraite semblait garantir au plus sensible des pères, des époux et des frères les jours des dignes objets de ses affections domestiques. Elle paraissait même devoir prévenir l'attaque du Palais, puisqu'elle en fesait disparaître le but principal.

Ces motifs décidèrent le Roi au plus grand sacrifice qu'il eût encore fait à son Peuple et à sa Famille. Vous en connaissez, Messieurs, les déplorables suites. On

n'oubliera

n'oubliera jamais par quel horrible abus de la force tout ce que les grandeurs humaines avaient eu de plus respecté, tout ce qu'elles eurent jamais de plus respectable fut relégué durant trois jours dans un réduit étroit et mal sain, pour orner publiquement l'exécrable triomphe d'une odieuse faction et recevoir d'elle et de ses suppôts tous les outrages que la bassesse et l'atrocité réunies purent leur inspirer. Enfin ces lâches révoltés osèrent enlever provisoirement à leur Maître ses fonctions royales et le constituer leur prisonnier. L'infame Commune de Paris reçut le dépôt des jours sacrés du Monarque et de sa Famille; et au sein de leur Capitale, au milieu d'une population aveuglée par le fanatisme ou paralysée par la terreur, la Tour du Temple s'ouvrit pour recevoir les illustres captifs.

Exprimerai-je ici les reproches qu'a inspirés, même à des sujets fidèles, cette retraite de LOUIS XVI parmi ses plus cruels persécuteurs? — Un Roi, *disent-ils*, n'abandonne point son palais devant des rebelles armés; il s'arme lui-même; il éteint la révolte dans le sang des traîtres ou s'ensevelit glorieusement dans leur triomphe. — Admirateurs passionnés des qualités militaires, croyez qu'elles ne sont pas toujours la meilleure défense que la grandeur d'ame puisse opposer aux dangers. Gardez-vous de rabaisser l'idée du courage au point de ne pas en reconnaître la sublime empreinte dans le caractère de LOUIS. Ne rougissez pour lui d'aucune de ses démarches, d'aucun de ses sentimens. Sans doute il est affreux de dire qu'en dévouant à la fureur des révoltés cette épouse si justement chérie, ces augustes enfans, cette sœur divine, en conduisant à une mort certaine l'élite de ses défenseurs, en périssant lui-même dans une horrible mêlée, le Roi aurait à peine livré aux chances meurtrières de cette révolution quelques victimes qu'elle n'ait pas dévorées plus tard. Mais l'ame de LOUIS pouvait-elle pressentir l'infernal mystère de tant de forfaits ; et le sacrifice qu'il fit à la nature et à l'humanité en est-il moins réel ? De plus, si l'on n'oublie point l'état de faiblesse et d'isolement où les conjurés l'avaient réduit, son dénuement absolu des seules armes qui puissent dissiper des multitudes (11), l'intelligence déclarée des gardes de l'extérieur du Palais avec les assaillans, on sentira que la seule ressource du Roi consistait à vendre chèrement sa défaite. Cette impuissante défense ne pouvait être utile qu'à ses ennemis. Quels titres ne leur eût-elle point assurés dans l'esprit d'un Peuple pour qui leurs précédentes agressions et les attentats de la journée même eussent été désormais des preuves indubitables de dévouement et de vigilance ? Avec quelle facilité ce recours tardif à la voie des armes leur eût livré une victime que sa prodigieuse résignation rendit si difficile à frapper ? Les crimes que les conjurés méditaient déjà et qu'ils furent réduits à commettre avec la dégoûtante lâcheté d'une froide scélératesse, la crainte, la vengeance et la victoire en auraient atténué l'horreur. C'est dans l'ivresse du triomphe, sur les débris d'un Trône renversé à force ouverte, qu'eût été proclamée leur odieuse République. Garantie de la turpitude qu'elle reçut, en naissant, du vil comédien qui la proposa, elle aurait moins excité sans doute l'aversion des gens de bien. Elle eût été pour le peuple le gage glorieusement conquis de son salut, et les hommes bien intentionnés auraient pu la voir eux-mêmes comme un parti devenu nécessaire. Enfin le monde n'aurait pas reçu des derniers momens de LOUIS XVI l'ineffable révélation de toute la sublimité de ses vertus, de toute l'infamie de ses persécuteurs.

TROISIEME PARTIE.

Parmi les grandes infortunes dont l'histoire conserve le souvenir, aucune ne porte dans l'ame des impressions plus déchirantes que celles de LOUIS XVI et de son auguste Famille. Pour maîtriser la douleur et l'indignation qu'inspirent de telles catastrophes, il faut parvenir à se pénétrer des sentimens qui élevèrent au-dessus des vicissitudes du monde ces grandes victimes de la méchanceté des hommes ; il faut soi-même éprouver quelque chose de cette sublime disposition de la vertu qui, déjà pleine de son céleste avenir, en obtient une sorte d'anticipation, et voit avec indifférence le point d'appui que lui prête un instant la terre.

Un Roi d'une vertu sans tache, déchu de sa puissance pour avoir tenté de la partager avec un peuple déjà comblé de ses bienfaits ; une Princesse d'une pureté si merveilleuse, d'une piété si céleste, que l'admiration publique semblait avoir pour elle le caractère d'un culte ; une Reine, née pour honorer le trône autant que pour l'embellir, souveraine bienfesante, amie tendre, épouse et mère dévouée, la première dans les affections de LOUIS, la première dans l'amitié d'*Elisabeth* ; enfin, les jeunes et dignes rejettons de la tige royale; tels étaient les prisonniers du Temple.

Je ne peindrai point leur indigne asile, ces murs élevés sur des murs, ces ouvrages destinés à arrêter l'air et le jour, ces grilles, ces barreaux, ces portes de fer multipliées pour ajouter à l'horreur de la sombre demeure, plus que pour en augmenter l'isolement et la sûreté. Les persécuteurs de l'illustre Famille avaient senti que des rigueurs de ce genre opprimeraient faiblement des cœurs qui portaient dans leur mutuelle tendresse l'infaillible adoucissement de leurs maux. Ils s'étudièrent à tremper de fiel ce baume des plus cruelles douleurs. De nombreux commissaires sans cesse renouvelés furent placés au milieu des augustes captifs, et se chargèrent de les garder à vue ; d'assister à leurs repas ; d'être les témoins de leurs conversations, de leurs lectures ; d'intercepter leurs paroles, leurs soupirs, leurs regards ; en un mot, de se placer entre eux comme des barrières malfesantes à la fois destinées à séparer et à nuire.

Quand on se représente l'excès d'insolence et de dureté qu'exigeait un pareil ministère, on est porté à se rassurer et à croire qu'il ne se sera point trouvé des hommes capables de le remplir. On apprend, au contraire, qu'un bien petit nombre parut animé des sentimens qu'un tel spectacle semblait devoir inspirer aux cœurs les plus endurcis. A la vérité, ils se redoutaient les uns les autres. Dans ce siége même de leur tyrannie, ils éprouvaient souvent plus de crainte que leurs propres victimes.

Cette perpétuelle contrainte n'empêcha point les illustres Proscrits de suivre les habitudes qui furent reglées par le Roi dès le premier jour de leur détention. L'auguste père s'occupait avec ardeur de l'éducation de son fils. La Reine et Madame *Elizabeth* instruisaient MADAME Royale. Mais combien les meilleures leçons de ces nobles instituteurs étaient inférieures à leurs exemples, à cette résignation calme, à cette inaltérable sérénité qui déposaient d'une manière si touchante de l'innocence et de la pureté de leurs ames !

Tant de vertus ne fesaient que provoquer de plus en plus les vexations, les outrages, les infamies qu'une multitude forcenée de soldats, de geoliers, de commissaires, multipliaient journellement contre la Royale Famille. Ces horreurs n'étaient que le préliminaire d'un crime plus abominable.

Captif de la convention et de la commune de Paris, le Roi ne pouvait manquer de périr victime d'un assassinat. Mais le scandale d'un meurtre public paraissait impossible. En effet, parmi les actes de LOUIS XVI que les usurpateurs du pouvoir osaient qualifier *délits*, ceux qui avaient précédé l'acte constitutionnel n'étaient pas susceptibles de poursuite. Outre qu'aucun droit positif ne fixait les bornes de l'autorité royale avant l'existence de ce code politique, une loi, rendue le jour même où il fut accepté, avait ordonné l'anéantissement de toutes les procédures commencées, et avait défendu d'en instruire de nouvelles sur des faits relatifs à la révolution, quelle qu'en fût la nature. (12)

Les moyens d'attenter judiciairement aux jours de LOUIS ne pouvaient pas non plus être fournis par les faits postérieurs à la constitution : Elle déclarait inviolable et sacrée la personne du Monarque et statuait que dans les cas même où il aurait personnellement commandé et dirigé des armées contre la France, on ne pourrait que présumer son abdication et cesser de le considérer comme Roi. (13)

Tous les efforts du sophisme venaient se briser devant des lois si précises. Se déclarer juge de LOUIS XVI au mépris d'un pareil droit, à moins qu'on ne prît cette qualité pour se ménager le pouvoir de le servir, c'était embrasser volontairement l'iniquité. Dans un attentat si manifeste, la fausseté de l'esprit ne pouvait servir de déguisement à la noirceur de l'ame.

Les meurtriers de LOUIS levèrent ces obstacles en hommes qui ne motivaient leurs opérations que pour une populace aussi altérée qu'eux-mêmes du sang de l'innocence. Ils ne pouvaient nier les dispositions formelles et absolues de la constitution ; et leur propre intérêt les forçait à la considérer comme émanée du seul souverain qu'ils feignissent de reconnaître, c'est-à-dire de la Nation elle-même. Ils osèrent pourtant prendre sur eux de l'écarter : ils ne rougirent point de soutenir que la Nation n'avait pas le droit de s'engager à prononcer la déchéance au lieu de la mort, sous prétexte que ce serait renoncer à sa souveraineté. En même-temps, ils s'attribuèrent la faculté d'anéantir cet engagement et d'ordonner, au nom du peuple, le meurtre qu'il s'était interdit. Jamais l'atrocité des motifs n'avait été plus clairement dévoilée par l'absurdité des prétextes. Les auteurs de ces criminelles inepties savaient très-bien qu'on ne les soupçonnerait pas d'y croire. Ce fut néanmoins en vertu de cette doctrine que vingt-un commissaires soigneusement choisis dressèrent et firent adopter par l'Assemblée un acte d'accusation en trente-huit articles relatifs aux principaux événemens politiques des quatre années antérieures. Ce travail terminé, un bruyant appareil de guerre avertit la capitale du spectacle qu'on lui prépare. Toutes les autorités administratives se déclarent en permanence : des corps nombreux circulent de toutes parts ; et LOUIS XVI, escorté par 1200 soldats et six bouches à feu, est conduit des prisons du Temple à la salle de la Convention.

Mêlons-nous un instant à la multitude qui l'environne ; voyons-le s'avancer d'un pas ferme vers cette enceinte de terreur et de mort. Reposons nos yeux sur ces traits dont le malheur n'a pu effacer la douce majesté, voyons-le promener lui-même ses nobles et calmes regards sur cette multitude de juges.... Qu'ai-je dit ? Eux, vos juges !... O mon Roi ! Ils sont là, les provocateurs de toutes les journées de sang qui ont fait de la révolution l'éternelle honte de la France et l'horreur de l'univers : ils sont là les protecteurs des assassins d'Avignon ; les spoliateurs du garde-meuble de votre couronne ; les créateurs des tribunaux révolutionnaires ; les meurtriers du 2 septembre ; les auteurs des sanguinaires arrêtés de la commune de Paris, sur le massacre des prisons ; les usurpateurs de l'autorité suprême qui reçurent, dans un silence homicide, la communication officielle de ces arrêtés, avant et pendant leur épouvantable exécution. Il siége avec eux cet être infame, effroyable erreur de la nature, qui, depuis trois années, suppute par milliers et centaines de milliers les têtes qu'il dévoue aux fureurs populaires. Encore quelques jours, et ces législateurs qui l'environnent lui décerneront des honneurs divins, placeront ses restes impurs dans la basilique que vos mains élevèrent à la vraie religion. Encore quelques jours, et ces mêmes hommes établiront un régime auquel rien ne pourra jamais être comparé. Pour égaler l'activité des juges à celle des bourreaux, on les verra dispenser les premiers de toutes les règles relatives à l'examen et à la preuve des prétendus délits, et donner le nom de *Loi* (14) à cette infernale organisation des massacres judiciaires.

On s'est étonné que l'aspect d'un pareil tribunal n'ait point porté LOUIS XVI à refuser toute réponse aux chefs d'accusation qu'on eut l'audace de lui communiquer. *Charles Premier* ne daigna point se défendre devant ses meurtriers. Pourquoi LOUIS sembla-t-il montrer plus de déférence à des hommes mille fois plus méprisables ?

Il est impossible de s'y méprendre. C'est à l'excès de leur iniquité que ses accusateurs durent cette distinction. Incapables de mettre quelque mesure dans leur crime, ils eurent la grossière infamie de représenter comme altéré du sang de son Peuple, un Roi qui n'avait mérité d'autre reproche que celui d'une bonté excessive ; ils poussèrent l'oubli de toute pudeur jusqu'à lui imputer et la scène du Champ-de-Mars, exécutée pendant la suspension de ses fonctions après le retour de Varennes, et la journée du 10 août, qu'eux-mêmes avaient solennellement réclamée comme leur propre ouvrage. LOUIS ne put entendre sans émotion de si révoltantes calomnies : il ne put se résoudre à les laisser sans réponse. La noble chaleur qu'il mit à les repousser fit voir que rien n'avait pu effacer de son cœur ce besoin de l'affection de son Peuple, qui en fut toujours le premier sentiment. Il prit le seul moyen qui lui fût laissé d'adresser son apologie non pas à ses accusateurs, mais à la Nation et à la postérité. On se souvient qu'après avoir, par des réponses d'une sagesse et d'une évidence parfaites, anéanti les chefs d'accusation proposés contre lui, il demanda un conseil. Les trois jurisconsultes qui furent appelés à le composer trouvèrent le Roi convaincu du sort qui l'attendait : »Ils me feront périr, leur dit ce Prince ; mais ce sera »gagner ma cause que de laisser une mémoire sans »tache. (15)

La convention n'avait accordé que dix jours au conseil de LOUIS pour préparer une défense dont elle s'était appliquée à multiplier énormément les objets. Par un prodige que le zèle de Monsieur *Deseze* explique mieux encore que son rare talent, il put dès le huitième jour, soumettre son travail à LOUIS XVI. Pénétré des vertus de son Roi, saisi du spectacle d'une telle ruine, effrayé des calamités qu'allait entraîner un sort plus funeste, l'illustre orateur n'avait pas cru que de pareilles images pussent être présentées sans succès à une Assemblée nombreuse. Porté par son dévouement à essayer tous les efforts qu'il jugeait utiles à de si précieux intérêts, aux raisons propres à convaincre l'esprit il avait joint toutes les considérations qui pouvaient intéresser le cœur. LOUIS n'approuva point ce recours à des sentimens qu'il ne voulait point provoquer. Il pensait avec raison qu'en face même du sacrilège tribunal dont la force le rendait justiciable, aucune bienséance de rang ni de caractère ne serait violée de sa part, tant qu'il ne s'écarterait point du langage de la raison et de la loi, puisque alors il ne comparaîtrait devant ses prétendus juges que pour les rappeler aux devoirs des fonctions qu'ils osaient usurper. Mais il sentit aussi que cette situation ne serait plus la même, si on le voyait attendre de leur crainte ou demander à leur pitié la décision qu'il avait le droit d'imposer à leur conscience. Il pria donc M. *Deseze* de se borner aux moyens purement justificatifs. Non : l'imagination elle-même ne conçoit rien de plus admirable que cette héroïque susceptibilité de la vertu, cette crainte intrépide qui appelle, qui brave tous les dangers, pour conserver intacts l'honneur du diadême et la dignité de l'innocence.

Ce fut pendant ces déplorables apprêts d'une lutte impie que LOUIS XVI écrivit ses adieux à un monde si peu digne de lui. Le chef de la plus antique et de la plus opulente maison de l'univers n'avait à léguer aucun des biens de la fortune. Mais les trésors inappréciables de ses vœux, de ses sentimens et de ses volontés devaient enrichir tous les siècles. Sublime émanation d'une ame déjà céleste ! votre place est à jamais marquée parmi les trophées de la divine religion qui vous inspira. Vous témoignerez à la postérité la plus reculée que la nature humaine s'éleva au plus haut point de sa grandeur, à l'époque même de sa plus honteuse dégradation. Si de funestes nuages pouvaient encore se former entre le Peuple Français et les augustes descendans du Roi martyr, soyez aussi comme une charte de leurs droits et de leurs devoirs mutuels; garantissez la vertu des uns, l'obéissance des autres; soyez le gage de l'immortelle alliance que réclament leur gloire et leur félicité mutuelles.

LOUIS XVI fut une seconde fois conduit devant ceux qu'il est si pénible d'appeler ses juges. M. *Deseze* leur adressa le langage éloquent et noble qu'adoptaient sans doute les premiers orateurs de la Grèce, devant le tribunal célèbre où ils étaient contraints de conserver à la vérité toute la simplicité de son caractère.

Les membres de l'assemblée lui donnèrent une odieuse preuve de la conviction qu'il avait opérée dans leurs esprits : aucun d'eux n'osa entreprendre la discussion de son plaidoyer. Cependant, après des débats dont les circonstances seraient trop longues, sur-tout trop pénibles à reproduire, l'exécrable sentence fut prononcée. La France se couvrit de l'éternelle honte d'avoir produit trois cent quatre-vingt-sept individus capables de voter la mort du plus vertueux des Rois, du plus innocent des hommes.

Un Ministre, des militaires, des magistrats devaient venir, dans une pompe barbare, lire son arrêt à la victime. Le vénérable *Malesherbes* s'imposa la tâche de les prévenir. O souvenir déchirant ! Introduit dans le Temple, il trouva le Roi dans l'attitude d'une profonde méditation : «Depuis deux heures, *lui dit ce Prince*, »je recherche en ma mémoire, si durant le cours de »mon règne, j'ai donné volontairement à mes sujets »quelque juste motif de plainte contre moi. Eh bien ! »je vous le jure en toute sincérité. Je ne mérite de la »part des Français aucun reproche : jamais je n'ai »voulu que leur bonheur. (16)

Un si beau témoignage dont M. de *Malesherbes* connaissait toute la vérité, des consolations si sublimes, l'infamie du décret qu'il s'était chargé d'annoncer, toutes ces causes d'admiration et d'horreur absorbèrent les facultés du sensible vieillard. Il tombe aux genoux de son maître, les arrose de ses pleurs, et ne trouve que des sanglots pour exprimer l'effroyable nouvelle. LOUIS l'entend, le relève, sans surprise, sans douleur, le presse contre son sein, et plus occupé de son ami que de lui-même, il l'exhorte à la résignation. C'est lui qui encourage, lui qui console le sage octogénaire venu pour lui apporter des consolations : (17) « Ne »pleurez pas, *lui disait-il*, une meilleure vie nous »réunira. » (18)

Une épreuve plus cruelle que la mort attendait LOUIS. L'intervalle d'une seule nuit le séparait de son dernier instant, et la plus tendre épouse, la plus héroïque sœur, deux enfans dignes de lui ignoraient son sort; c'était lui qui devait les en instruire. La Reine, MADAME Royale, Madame Elisabeth, le jeune Dauphin avertis de descendre chez le Roi se précipitent vers lui. Sans oser exprimer la question qui les occupe tous, ils interrogent ses traits dans une mortelle anxiété. La sérénité de ses regards leur inspire d'abord un moment d'illusion; mais bientôt l'apparition de quelques larmes, l'expression douloureuse de ses mouvemens annoncent l'affreuse vérité. Des plaintes mal étouffées, des embrassemens convulsifs la confirment. Cette ame jusqu'alors si calme et si forte cède et paraît anéantie. Oh! qui pourra jamais peindre cette réunion de tant de douleurs? Qui se représentera sans frémir les trois Princesses, le jeune Prince, s'attachant étroitement au père, au frère, à l'époux adoré, comme pour le disputer à sa fin sanglante. Venez, auteurs de tant de maux : les cinq victimes que poursuit votre haine s'offrent à vous: ce sang si pur ne demande qu'à couler tout entier sous vos mains. Contemplez-le au milieu des cœurs qui l'ont le mieux connu, cet infortuné dont vous avez fait un tyran aux yeux du Peuple stupide que vous abrutissez. Entendez ces cris qui vont porter le trouble jusques dans les maisons éloignées du Temple. Cet enfant Royal, à peine arrivé à sa huitième année, dont les traits semblent formés pour attendrir des tigres, voyez-le se précipiter à travers vos satellites, tomber à leurs genoux, joindre devant eux ses mains suppliantes et s'écrier : *Laissez-moi, oh! laissez-moi sortir... que j'aille supplier le Peuple de ne point faire mourir mon père.* Cette Princesse adolescente qui n'a reçu que pour mieux souffrir les dons les plus précieux de la nature, voyez-la se rouler dans la poussière, en appelant sur elle les effets de votre barbarie. Cette Reine dont la noble fierté humilia souvent votre insolence, jouissez de son abattement. Brisée, anéantie par la douleur, elle ne sent plus le sang des Césars bouillonner dans ses veines ; elle n'est plus qu'épouse et mère ; elle ne sait que gémir et demander la mort.

Le fidèle serviteur à qui nous devons le journal de la captivité de LOUIS nous apprend que cette scène de désolation dura sept quarts d'heure. Ce fut là le véritable supplice de l'infortuné Monarque. En s'arrachant à cette entrevue, les Princesses se firent promettre qu'il les reverrait une fois encore. *Demain matin à huit heures*, disait le Roi. — *Pourquoi pas à sept ?* répondait la Reine. — *Oui, à sept heures, adieu.* — Cet adieu fut le dernier. (19)

La méditation et la prière retrempèrent l'ame de LOUIS et lui rendirent sa sérénité. Il dormit paisiblement. Le matin, après avoir entretenu le fidèle *Cléry* de la Reine, de ses enfans, de sa sœur, et lui avoir confié le dépôt de ses gages de souvenir, il assista à la célébration des saints mystères. Comme on bénit l'effet de ces divines consolations, lorsqu'on sait que le Roi se sentit animé d'un bien-être dont lui-même ne pouvait se rendre compte, lorsqu'on apprend que le Ministre de la divinité fut ému d'un si profond respect, à la vue de ces signes éclatans de prédestination, qu'il fut sur le point d'en honorer l'objet, comme si le triomphe du juste avait été déjà proclamé par l'Eglise.

Bientôt dix portes de fer roulent successivement sur leurs gonds. Une nombreuse escorte se présente. *Partons*, dit le Roi, et il s'avance d'un pas assuré. Une double haie de soldats, sur deux et trois rangs, occupait le long espace qui sépare le Temple de la place Louis XV. Une douleur stupide, une crainte plus stupide encore glaçaient les ames de cette immense population armée. Etranger à ce spectacle de honte et plongé dans un doux recueillement, LOUIS semblait déjà goûter les fruits de son martyre. Enfin le char s'arrête, le Roi descend, se dépouille lui-même et reçoit une dernière bénédiction. Cependant l'un des exécuteurs vient présenter les liens qui doivent attacher les mains royales de la victime. LOUIS ne peut contenir un mouvement d'horreur. *Sire*, lui dit le sublime ecclésiastique, *c'est ainsi que le Sauveur du monde fut conduit à la mort.* A ces mots le saint Monarque tend les mains. Le Ministre de la Religion, saisi d'une inspiration toute divine devant cette image si frappante de Dieu même, tombe à genoux, et véritable organe du Très-Haut, s'écrie: *Fils de St. Louis, montez au Ciel.* Sur l'autel du sacrifice, LOUIS, encore occupé de son Peuple, lui adresse ces dernières paroles de vérité, d'héroïsme et de bonté: *Français, je meurs innocent.... Je pardonne à mes persécuteurs. Puisse ma mort être utile à la France!.... Et toi, Peuple infortuné.....* Ici un bruit soudain de tambours étouffe sa voix; il se livre à la mort, et le régicide se consomme.

En un instant Paris prit l'aspect d'un désert livré à quelques sauvages. Une centaine de brigands soudoyés le remplissaient de leurs chants de mort et de leurs danses barbares, tandis que cent mille hommes armés qui détestaient le crime, et qui venaient d'en protéger le triomphe, cachaient dans leurs foyers leurs lâche indignation et leur ignominie.

Ce spectacle fut bientôt celui que présenta la France entière. Le même Peuple qui s'était livré, sous le meilleur des Princes, à tous les excès de la turbulence et de l'insubordination, fut un prodige de soumission et de patience sous les plus atroces tyrans..... Mais je n'ai, Messieurs, à vous rappeler qu'un autre crime du Gouvernement de la République.

Le fils, l'élève et le présomptif héritier de LOUIS

XVI avait vu, dès les commencemens, de sa huitième année, les portes de la prison du Temple se fermer sur lui pour ne plus se r'ouvrir. Un second régicide était résolu dès ce moment. On attendit, pour l'exécuter, que le fils des Rois fût devenu Roi lui-même dans l'ordre sacré de sa descendance. Alors, sous prétexte de lui faire oublier l'éclat de son origine et ses premières habitudes, on le livra, comme une sorte de propriété, à deux gardiens assez infames pour s'engager à mettre en usage contre lui tous les mauvais traitemens, toutes les scènes de terreur que pourrait imaginer leur brutalité. Lorsqu'ils eurent rempli leur promesse au point de corrompre dans l'auguste enfant toutes les sources de la vie, leurs commettans feignirent de n'avoir ni ordonné ni prévu la consommation de ce meurtre d'un nouveau genre. Je ne rappelerai point, Messieurs, les détails qui sont échappés au mystère dont les souffrances de l'enfant-Roi furent enveloppées. La seule idée de l'homme occupé à torturer l'enfance excède si violemment les forces de l'ame, qu'on ne peut s'arrêter à la contempler : l'un des premiers effets d'une impression si douloureuse est d'en repousser l'horreur. Le supplice de Louis XVII fut long. Il ne mourut que le 8 Juin 1795, âgé de dix ans deux mois et quelques jours. Des témoignages précoces de sensibilité, de pénétration et de bonté avaient fait de ses premières années les délices de son illustre Famille et les plus chères espérances de la Nation. Ses souffrances et sa mort rappeleront toujours à l'indignation des gens de bien l'un des plus grands crimes de la Révolution.

Les lamentables événemens que je viens de retracer ne laissaient naguères dans les esprits que la honte, l'abattement et le désespoir : nous en subissons encore la peine trop méritée. Aux fureurs convulsives de l'anarchie succédait un despotisme plus humiliant et plus destructeur, qui menaçait jusqu'à l'existence politique de la France, et semblait lui réserver la bizarre destinée de mourir armée et pourtant de mourir esclave.

Aujourd'hui, l'horreur même qu'inspire le souvenir de tant d'infortunes n'est ni sans dédommagement, ni surtout sans utilité. Ces terribles épreuves nous font chérir plus vivement les bienfaits de notre miraculeuse restauration : elles nous fournissent à la fois d'abondantes instructions et de solides garanties contre le retour de nos égaremens. O vous, à qui les dons du Génie assurent le précieux avantage d'influer sur les pensées et sur les sentimens de vos contemporains, permettez à l'organe d'une Société Littéraire de recommander à vos efforts ce consolant effet de nos calamités. Le sceptre de l'opinion, tenu depuis un siècle par les gens de lettres, a long-temps été, dans leurs mains, le caducée de la fable qui poussait les ames vers les ténèbres de la mort; qu'il les ramène enfin à la lumière, comme le fesait aussi ce merveilleux caducée. Le triomphe des doctrines éternelles que le superbe aveuglement de quelques écrivains s'était flatté d'anéantir a fait voir combien, pour obtenir des succès durables, le talent a besoin de s'unir à la vérité. Que cette alliance sacrée soit désormais indissoluble! Que pour leur propre gloire et pour la prospérité de l'Etat, les lettres françaises se consacrent à jamais au culte du vrai Dieu, du vrai Souverain, de la seule morale qui puisse convenir à l'homme, de la seule politique qui convienne aux Français. Que l'auguste réparateur de nos maux, le généreux fondateur de nos libertés goûte la première des jouissances royales dans la reconnaissance et l'amour d'un Peuple reconquis et sauvé par ses vertus. Ainsi, vingt-cinq ans de désastres deviendront pour nous un gage de sécurité et de bonheur ; ainsi se réalisera l'espoir qui fut la dernière pensée, le dernier sentiment du Roi-martyr, lorsque, confondant l'horreur de son sacrifice dans la plus héroïque affection pour son Peuple, il exprima ce vœu dont l'accomplissement fut sans doute résolu dès-lors par la miséricorde divine : *Puisse ma mort être utile à la France!*

NOTES.

(1) Ces paroles de Louis XVI sont rapportées par M. l'abbé *Proyart*, au tome 5, pages 194 et 195 de son ouvrage intitulé, Louis XVI *aux prises avec la perversité de son siècle.* L'auteur déclare qu'il les tient de M. l'abbé *Edgeworth de Firmont* lui-même.

(2) En se représentant les faits du règne de Louis XVI, on est naturellement porté à s'arrêter sur ceux qui pouvaient avoir lieu et qui auraient eu sans doute l'effet de conjurer le fléau de la révolution. J'avoue ; par exemple, que je suis extrêmement frappé de tout le bien qu'aurait produit, de tout le mal qu'aurait prévenu la faveur de M. *de Machault*, si Louis XVI n'avait pas été détourné de l'idée qui le portait à appeler près de lui cet ancien Ministre au lieu du Comte *de Maurepas.* M. *de Machault*, brouillé avec les Parlemens, qui l'avaient vivement contrarié dans son ministère, aurait partagé avec M. *du Muy* et M. *Turgot* l'avis d'en perpétuer ou d'en prolonger la suppression. Dès-lors il aurait repris et exécuté sans obstacle son projet d'assujettir à l'impôt des terres la Noblesse et le Clergé, réforme dont il avait proposé et poursuivi l'exécution avec tant de vigueur sous Louis XV, et dont il serait venu à bout, malgré la résistance du Parlement et du Clergé, s'il avait pu inspirer à son Roi une partie de l'ardeur dont il était animé pour tout ce qu'il croyait uti e. Cette réforme que *Turgot* avait également placée au premier rang de ses projets aurait enlevé au parti révolutionnaire son meilleur prétexte. Tout ce qu'un

qu'un principal Ministre de Louis XVI devait avoir de connaissances positives, d'expérience, de fermeté, de prévoyance sans précipitation, de hardiesse sans esprit de système, de popularité sans esprit de bouleversement, M. *de Machault* le possédait et en avait fait preuve. Sa gravité et sa sagesse auraient tempéré le zèle trop empressé de M. *Turgot*. Ces deux hommes d'Etat, M. *de Malesherbes* et le Maréchal *du Muy* auraient sans difficulté dirigé et réuni le Conseil. Leurs vues étaient les mêmes sur tous les objets importans : on peut ajouter que le Roi les partageait puisque, en demeurant attaché, comme eux, aux bases essentielles de l'organisation politique de la France, il désirait, comme eux, les innovations avantageuses au Peuple que paraissaient exiger les changemens apportés, dans l'état des hommes et des choses, par les progrès de la civilisation. On peut croire, ce semble, qu'un tel ministère aurait été durable ; qu'il aurait, par conséquent, garanti la France des ministères désastreux qui hâtèrent la révolution ; que, sous lui, les réformes utiles réclamées par les novateurs bien ou mal intentionnés se seraient opérées de manière à satisfaire l'opinion, à écarter toute occasion de mouvemens séditieux, et à laisser au Gouvernement la force nécessaire pour repousser avec succès les réformes pernicieuses que provoquait l'esprit de faction.

(3) En juillet 1720, Exil du Parlement au sujet des affaires de *Law* et des premiers démêlés causés par la bulle *Unigenitus*.

En mai 1753, Exil du Parlement pour les querelles relatives à la bulle *Unigenitus*, aux billets de Confession, au refus des Sacremens, etc.

En décembre 1756, démission de cent quatre-vingts membres du Parlement de Paris, c'est-à-dire, de tous, à l'exception de dix Présidens et autant de Conseillers, après un refus d'enregistrer l'impôt des deux vingtièmes, et après deux lits de justice, dans l'un desquels le Roi fit lire un édit qui réglait les attributions du Parlement, tant par rapport aux matières ecclésiastiques relatives à la bulle *Unigenitus*, qu'à l'égard des remontrances et de l'enregistrement des Edits.

Enfin, en janvier et février 1771, exil et suppression des Parlemens après leur refus d'obtempérer à un Edit relatif à leurs fonctions.

(4) L'Assemblée des Notables n'était pas un corps constitutionnel. Elle existait parce qu'il avait plu au Roi de la convoquer; et elle n'avait d'attributions que celles qu'il voulait bien lui conférer. Or, dans l'intention du Monarque, elle ne devait s'occuper que du mode à adopter pour l'assiette et la perception de l'impôt. Néanmoins elle débuta par vouloir connaître les causes du *déficit*, en vérifier la réalité, et examiner les états du trésor. Elle se fit délivrer ces états malgré la résistance de M. *de Calonne* que le Roi avait d'abord soutenu et dont il finit par accorder la disgrace aux poursuites véhémentes de cette Assemblée. Dans un moment où le besoin de nouveaux impôts ne pouvait être révoqué en doute, ses orateurs déclamaient sans ménagement sur l'excès des impôts existans, sur les désordres de l'Administration, sur la misère et même sur le désespoir prétendu des Peuples. Ils demandèrent l'état civil pour les protestans et la réformation de presque toutes les grandes Ordonnances de Louis XIV, notamment de celles de 1667 sur la procédure civile, de 1669 sur les eaux et forêts, de 1670 sur la procédure criminelle, de 1673 sur le commerce. Ils s'occupèrent des moyens d'acquérir la noblesse, de la nourriture des soldats, etc. etc. Ils eurent même l'idée de s'ajourner à une époque fixe. Cette Assemblée si entreprenante n'eut que trois mois de durée.

Voyez les écrits du temps, et parmi les ouvrages plus récens les Annales françaises *de M.* Sallier, *ancien Conseiller au Parlement de Paris, pages* 53, 77.

(5) Voyez l'*Arrêt du Conseil* du 15 juillet 1788, l'*Arrêté du Parlement de Paris* du 5 décembre 1788, *le résultat du Conseil* du 27 décembre 1788.

(6) Ils étaient autorisés ou même invités à le faire. *J'adopterai avec plaisir*, leur avait dit le Roi, *toute autre vue de bien public qui sera proposée par les Etats Généraux*.

(7) L'attaque du Château coûta la vie à Messieurs

Deshuttes et *de Varicourt.* Messieurs *Durepaire* et *de Miomandre Ste.-Marie*, blessés très-grièvement dans la matinée du 6 sur la porte de l'appartement de la Reine, ne moururent point de leurs blessures. Messieurs *de Savonnières*, *de Lukerque*, *Moucheron*, *Demier* et quelques autres furent également blessés.

(8) Préface de l'*Esprit des Lois*, page 2.

(9) Je doute en effet que parmi les absurdités de l'enfance des Nations, aucune fût aussi contraire au bon sens que l'opinion de la Souveraineté du Peuple : aucune du moins ne se composait aussi manifestement d'élémens contradictoires.

Dans toute Nation quelconque, si près qu'on la suppose de l'état sauvage, le plus grand nombre se compose d'hommes ignorans, voués à des travaux qui perpétuent leur ignorance et les rendent inhabiles aux combinaisons intellectuelles qu'exige l'exercice des droits politiques. Dans toute société où la civilisation a fait des progrès, le grand nombre, plus contrarié que favorisé, du moins en apparence, par les lois protectrices de la propriété, doit se croire intéressé à les détruire plutôt qu'à les maintenir. Existe-t-il un être sensé aux yeux duquel le sort des Etats ne fût pas compromis, s'il était livré à une telle classe d'individus? Le maintien des sociétés, qui se fonde sur le perfectionnement des facultés intellectuelles et morales, peut-il être confié à ceux que la nature immuable de l'homme et le cours éternel des choses condamnent à demeurer à-peu-près étrangers à ce perfectionnement? Des corps politiques dont l'objet principal est de protéger l'acquisition des avantages sociaux peuvent-ils être régis par des hommes qui n'ont point fait de pareilles acquisitions?

C'est cependant sur ces idées qui s'excluent, qui se repoussent mutuellement, qu'est fondée la souveraineté du Peuple. Ce système qui avait pris, pendant nos troubles révolutionnaires, le caractère d'une sorte de religion politique, n'a pas même des apparences de raison qui le rendent susceptibles d'une discussion de quelque gravité. Ceux qui pensent en être les partisans s'en détachent, l'anéantissent eux-mêmes, dès qu'on les presse un peu sur ses conséquences essentielles. Ne pouvant nier l'incapacité absolue, nécessaire, irrémédiable de la multitude, obligés de reconnaître qu'une population entière ne saurait point se régir elle-même quand elle le voudrait, qu'elle ne voudrait point le faire raisonnablement quand elle le saurait, ils se retranchent dans une modification dont ils ont fait une partie intégrante de leur système.

Ce n'est point, disent-ils, pour qu'elle pourvoie à ses intérêts politiques, ce n'est point pour la revêtir immédiatement des fonctions législatives, que nous appelons la multitude à délibérer ; c'est uniquement pour qu'elle fasse choix de ceux qui devront la représenter dans ces fonctions, ou même de ceux qui auront à choisir ultérieurement les dépositaires de ce grand pouvoir.

Raisonneurs inconséquens ! après avoir une fois reconnu votre Souverain, à quel titre osez-vous lui interdire les seules fonctions qui soient essentielles à cette qualité ? Qui vous autorise à établir d'inintelligibles distinctions entre le droit virtuel de régler la forme du Gouvernement et le droit positif de statuer sur cet objet même ?

Si cette déviation du premier attribut de la Souveraineté pouvait avoir lieu sans porter atteinte aux principes fondamentaux de votre droit politique, n'est-il pas évident que suivant ces mêmes principes, elle ne pourrait être légitimée que par la volonté pleinement débattue et librement exprimée du Peuple lui-même, circonstance qui suffirait pour reproduire la difficulté que vous cherchez à éluder ? La doctrine que vous avez à soutenir admet si peu la délégation que vous tentez d'y introduire, que, suivant l'un des principaux axiomes du plus célèbre apôtre de ce droit, la Souveraineté du Peuple est profanée, violée, anéantie pour faire place à l'esclavage, du moment où le Peuple se donne des représentans. (1)

Qu'importe d'ailleurs cette transformation de votre doctrine, qui enlève le sceptre à votre absurde Souverain pour le placer aux mains de ses hideux courtisans ? En

---

(1) Contrat-Social, tom. 2, page 40 et pages 165-6, etc. des œuvres de J. J. Rousseau. Edit. in 8.° Lyon 1796.

dévoilant ainsi le principe intéressé de vos conceptions, les rendez-vous plus raisonnables?

Evidemment non. Car s'il est insensé de croire que la multitude est capable de faire des lois, il ne l'est pas moins assurément, il l'est davantage peut-être de lui supposer les qualités nécessaires soit pour apprécier les facultés intellectuelles et morales qu'exigent de telles fonctions, soit pour résister aux diverses espèces de séductions par lesquelles ses suffrages seront brigués.

Les partisans de la Souveraineté du Peuple ont été conduits, par ces difficultés ou ces impossibilités de leur système, à une seconde modification qui en est une abjuration nouvelle. Ce droit qu'ils affectent de qualifier sacré, inaliénable, imprescriptible, conferé à tout homme par la nature elle-même, après l'avoir anéanti pour le transformer en une simple faculté de nommer des Représentans, ils l'enlèvent à la plupart des particuliers. Ce n'est plus à la masse entière du Peuple, à la cohue des prolétaires qu'ils attribuent la souveraineté, c'est à une portion plus ou moins nombreuse des Nations, aux seuls individus qui ont acquis par leur travail, ou reçu du hasard de leur naissance, une propriété qui les attache à l'ordre social. Ces républicains dont les principes absolus paraissaient d'abord si inflexibles, élevent ou abaissent le tarif des capacités politiques, étendent ou restraignent les droits au sceptre populaire, suivant les rapports qu'ils pensent devoir établir entre ces droits et la garantie qui naît de la propriété.

Il faut le dire; réduite à ces termes, la doctrine de la Souveraineté du Peuple conserve à tort cette dénomination. Sortie du cercle étroit des principes absolus, pour se placer dans la sphère des principes relatifs, elle se prête à toutes les vues, à tous les systêmes; elle admet toutes les modifications que commandent, à l'égard des différens peuples, les considérations, variées à l'infini, qui dérivent de leur situation matérielle, morale et politique. S'il existe en effet, des Nations dont le caractère et les intérêts soient tels, qu'une partie considérable d'elles-mêmes puisse recevoir sans danger des attributions politiques, il en existe aussi chez qui ces droits ne peuvent, pour la prospérité du corps social, appartenir qu'à un très-petit nombre d'individus. Enfin, du moment que les droits politiques cessent d'avoir pour base les droits purement naturels, du moment où l'on reconnaît qu'ils doivent être réglés d'après les convenances sociales, tous les genres de gouvernement, si ce n'est le despotisme de tous ou celui d'un seul, peuvent être légitimes. Car alors, tout ce qui convient au bonheur, ou à la gloire d'une Nation, peut et doit entrer dans le système de son organisation politique.

Quand on apprécie toute la futilité des conceptions qui ont suffi pour aliéner taut de têtes, quand on se représente que des chimères qui s'évanouissent au plus léger examen, ont suffi pour soulever les Peuples, renverser les trônes et bouleverser les Etats, les destinées humaines deviennent un objet de terreur et de pitié.

Mais cette Souveraineté du Peuple, dont la révolution Française elle-même n'a pu tenter que d'informes essais, avait donné naissance à un abus plus redoutable qu'elle même, je veux parler de la confusion de langage et d'idées que produisit l'identité du terme qui, dans les théories révolutionnaires, servait à désigner l'ensemble de la Nation, tandis que dans l'usage ordinaire il ne désignait le plus souvent qu'un certaiu nombre d'hommes des dernières classes de la société. La populace parisienne ou plutôt ses coupables agitateurs se prévalurent sur-tout de cette pernicieuse équivoque.

Ainsi, lorsque la faction dominante avait ordonné un crime public à ses sicaires, un usage fort innocent fesait dire vulgairement que le *Penple* s'était porté à cet acte de violence. Mais, de leur côté, ces hommes qui feignaient de voir leur souverain dans le *Peuple*, en appelant ainsi la Nation entière, et qui auraient dû, par cette raison, veiller attentivement à ne pas donner le nom de *Peuple* à quelques séditieux, ces mêmes hommes se hâtaient au contraire de consacrer par une perfide locution le crime qu'il leur importait de protéger. Dans leur langage officiel, ce n'était point quelques malfaiteurs punissables, c'était le *Peuple* qui brûlait les barrières, qui renversait la Bastille, qui immolait les partisans de l'ancienne Monarchie.

Ce fut le *Peuple* qui, à l'époque désastreuse des 5.e et 6.e Octobre, fut déclaré avoir *conquis son Roi.* Chacune des catastrophes de la révolution fournit un exemple de ce monstrueux abus de mots qui fut la source de mille scandales. Plusieurs notables citoyens vont-ils, sous la constitution de 1791, réclamer l'intervention de l'autorité municipale de Paris contre une centaine de malfaiteurs qui les empêchaient de se réunir, et d'user, pour le maintien de l'ordre et des lois, du droit dont d'autres particuliers abusaient dans des vues contraires? Le Maire leur répond: *les lois sont pour vous, mais le* Peuple *est contre; vous ne vous réunirez point.* On sait avec quelle audacieuse impudence le *Peuple* fut proclamé l'auteur des attentats du 20 Juin et du 10 Août. Plus tard, des forfaits plus abominables, s'il est possible, furent également présentés comme opérés par la colère, ou même par la justice du *Peuple.* Hélas! n'entendîmes-nous pas un Ministre déclarer dogmatiquement, au sujet de l'infernale catastrophe du 2.e Septembre; que l'initiative des insurrections appartenait au *Peuple* de Paris.....

(10) Quelques actes importans de l'Assemblée législative d'une date très-rapprochée du 10 Août, semblent établir que le plus grand nombre de ses membres voulait le maintien de la constitution de 1791, qui fut renversée par cette Assemblée même. Mais il faudrait n'avoir aucune idée de l'histoire des Corps délibérans qui exercèrent le pouvoir législatif, pendant nos saturnales républicaines, pour ignorer que le triomphe de la minorité y était un scandale habituel, toutes les fois qu'elle avait de plus mauvaises intentions que la majorité. Pour apprécier les forces respectives des partis qui divisaient ces Assemblées, il ne fallait tenir compte ni du nombre des individus qui les composaient, ni de leurs talens, ni de leurs titres à la considération, ni même de leur faveur dans l'opinion publique. Il y avait un moyen à peu-près infaillible de prédire, avant l'événement, auquel de ces partis demeurerait la victoire; c'était d'indiquer le plus odieux et le plus méprisé. On pouvait prévoir qu'il serait aussi le plus audacieux, et l'audace était le gage le plus certain du succès. Nous avons vu constamment, sous le régime de

ces Assemblées, des hommes nouveaux s'emparer de l'autorité, au moment même où ils venaient de s'en montrer indignes par quelque grand attentat contre les lois de l'Etat et les volontés de la Nation. Telles furent les révolutions des 10 Août, 31 Mai, 13 Vendemiaire, 18 Fructidor, etc. Le même spectacle du grand nombre des Citoyens honnêtes, opprimés par le petit nombre des séditieux se reproduisait périodiquement sur tous les points de la France dans les Assemblées primaires et électorales, ensorte que la situation permanente des Français était la plus ignominieuse servitude sous les formes dérisoires de la liberté. Quand on a été témoin de cet état de choses, il est encore possible de croire à la bonne foi de ceux qui se disaient républicains. Mais quelle idée se former de leurs intentions ?

(11) Le Roi n'avait point de cavalerie et les canonniers eurent l'infamie de tourner leurs pièces contre le Palais qu'ils étaient chargés de défendre. Ils avaient accueilli Louis XVI par des démonstrations évidentes de trahison lorsque ce malheureux Prince fit la revue des postes.

(12) Loi des 14 et 15 Septembre 1791.

(13) Constitution de 1791, chapitre de la Royauté, art. 2, 6, 7, 8.

(14) Loi du 22 Prairial an 2.

(15) Voyez la page 508 de l'intéressant ouvrage de M. F. *Hue*, intitulé : *dernières années de Louis XVI.*

(16) Même ouvrage, page 522.

(17) Mémoires de *Cléry*, page 160, édit. de 1814.

(18) M. *Hue*, page 524.

(19) *Cléry*, page 181.

www.ingramcontent.com/pod-product-compliance
Ingram Content Group UK Ltd.
Pitfield, Milton Keynes, MK11 3LW, UK
UKHW031949260826
14628UKWH00004B/1956

9 782013 376204